大展好書 好書大展

大展好書 好書大展

心靈雅集
41

佛法難學嗎

劉欣如／著

大展出版社有限公司
DAH-JAAN PUBLISHING CO., LTD.

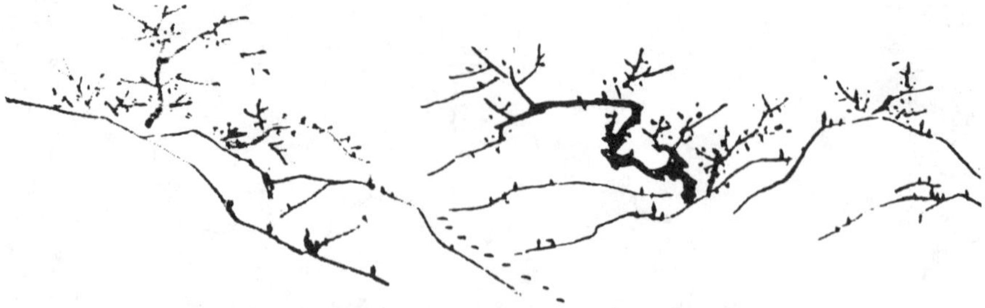

作者簡介：

劉欣如：一九三七年出生、新竹縣人。

曾任教台灣大專院校講師及福嚴佛學院。現在旅居美國洛杉磯市，擔任美國佛教宏法中心總編輯。譯作有：『阿含經與現代生活』、『佛教說話文學全集』（一～十一集）、『業的思想』、『大智度論的故事』、『釋尊的譬喩與說話』、『唯識學入門』、『唐玄奘留學記』、『喬答摩佛陀傳』、『佛教的人生觀』、『現代生活與佛教』等，並有佛教散文發表於國內外佛學雜誌。

序(一)

劉欣如先生，出生台灣省新竹縣，曾任小學教師及大學講師，業餘從事翻譯與寫作。一九八三年以來，旅居美國洛杉磯，與友人共創「美國佛教弘法中心」，餘暇致力於佛書的編譯，已出版有「唐玄奘留學記」、「現代人的佛教」、「佛教的人生觀」、「現代生活與佛教」、「喬答摩佛陀傳」、「『阿含經』與現代生活」、「怎樣活用佛陀的智慧」等書，皆為暢銷一時的優良讀物。此外，由佛光山出版社出版的「佛教說話文學全集」，更是廣受讀者的歡迎。

欣聞劉先生正著手將以往在「覺世旬刊」、「妙林」、「菩提樹」、「獅子吼」、「慈雲」、「南洋佛教」等雜誌發表過的精闢佛教散文，整理成册，以為發行；他又埋首翻譯了大乘佛典導論，也即將出版。讀者們有福了。

此行來美，甫抵洛城，即應邀為劉先生作序。有感於在物質重於精神，功利主義盛行的美國社會裡，劉先生以一介佛教徒，不計名利，不為得失，以文字般若弘揚佛法不遺餘力，可感可佩，遂義不容辭，為他作序。

翻閱劉先生的作品，無論翻譯或著作，為文簡潔明瞭，不加修飾，率性道來，令人感覺非常親切。從一系列佛教的生活智慧到佛教人生觀的發表文章，在在顯示劉先生悲天憫人、關懷社會的胸懷。『華嚴經』、『大般涅槃經』、『六度集經』、『大智度論』等大經大論的精華躍然於紙上。凡他引用之故事，篇篇精采，發人深省。不必說教，就能令人深深體會佛法的大意和修持的妙處。期盼劉先生的大作能早日出版，讓讀者們從中擷取累累的果實吧！

一九九二年九月

星雲　於西來寺

序㈡

一九八五年八月，我在洛杉磯法印寺，結緣一群善知識，劉欣如居士是其中之一。之後，我和他們登記籌組「美國佛教弘法中心」，會中推薦我擔任會長，直到現在。其間，劉居士負責文宣和編輯。雖然，他平日忙於旅館事業，每有餘暇，卻全力奉獻於弘法中心的寫作、出版，至今仍然不曾間斷。

「弘法中心」成立兩年後，劉居士首先出版「『阿含經』與現代生活」，內容淺顯易懂，極適合初學佛的人，結果，很快一版再版，但都屬結緣贈送，不收稿酬。之後，蒙台灣普獻法師無量壽出版社的資助，陸續出版「唐玄奘留學記」、「現代人的佛教」、「般若心經與美滿人生」、「現代生活與佛教」、「佛教的人生觀」、「怎樣活用佛陀的智慧」、「喬答摩佛陀傳」等書，都出自劉居士的手筆。同時，他也在佛光山出版「佛教說話文學全集」（共十一冊），膾炙人口，受到廣大佛友們的喜愛。

另外，他平時也在國內外佛學雜誌，例如「獅子吼」、「南洋佛教」、「菩提樹」、「妙林」、「慈雲雜誌」、「覺世」等處，發表佛教散文，吐露自己十年學佛心得。他寫的文章內容，最大特色也是淺顯實用，而不在研討佛學，或引經據典去考證佛理。一切資料都取自日常生活，旨在論釋佛法不離世間法，詳述世間各種現象，都能靠佛法來破解，反證人云亦云，和知識上的論點，都不是究竟圓滿的答案。尤其，從他的作品裡，不難看出佛教不是談玄說妙，而是日常生活能夠實踐的寶典，所以，誰若讀完這些書後，都會有很多受用。

據我所知，許多初學佛的人，也難免誤解佛教，才不懂得處理實際生活的煩惱，例如煩惱的起因、性質和消滅的方法。當自己在看報紙或聽新聞時，常常迷惑於假象，不知緣起緣滅，而視它們為實相，執著一切，才造成根本苦惱。諸如這些例證的解說，也可從本書裡領悟得到。

無疑地，在美國弘法會碰到數不盡的辛酸、挫折，但前景是光明的，我們有信心發現佛教在美國的生存空間，不會比美國傳統的宗教遜色。毋寧說，也許有過之而無不及。一般說來，美國人比較習慣性，有較多知識階級傾向真理，只要認為佛法符合真知拙見，首先，會很快的在大學裡講授，並接受挑戰，這樣，就不難找到立足和發展的機緣。但是，若要達到這些目標，不能仰賴奇蹟和僥倖，而絕對要依靠許多善知識來落實和努力。幸好，我們佛教弘法中心的同修們都懷有這項共識與理想，明知這是一條漫長、艱辛的路程，無如，我們認為凡事總要有人肯做第一步，以後才有人做第二步和第三步……，同時，我們也只盼量力而為，即使只能邁出一小步也不妨，讓第二步、第三步和以後的路子，因緣際會時，由別的佛友們來繼續。當然，劉居士也一直熱心參與這項事業，而不會途中退怯。

我謹代表「美國佛教弘法中心」幾位同修，表達由衷的鼓勵，說幾句肺腑的話，當做簡單的序文。

洛杉磯佛教聯合會
美國佛教弘法中心
會長　照初
一九九二年九月十日序於菩提寺

自序

學佛不太論資歷，但屈指一算，我學佛也快十年了。皈依後，我匆匆來到美國。剛來兩年裡，除了奉行師父——真華上人的臨行贈言：「老老實實唸佛」，我實在沒有時間讀佛經或看佛書。但因緣不可思議，我在洛城法印寺遇見幾位善知識，繼而組辦「美國佛教弘法中心」，才在餘暇譯佛書和寫作，一直持續到現在。

最近一年，我特別留神世上發生的各種現象，到底跟佛法有什麽關係？換句話說，我一面仔細地生活，一面觀察佛法與生活的關係。因為我對佛學沒有深入研究，實修功夫也不足，自然在這方面的觀察也不夠周密和精闢。

不過，這些散文內容，都是我自己體驗佛法的心得，談不上知見或正見，只是拋磚引玉，想引起更多大德們來談論佛法，尤其是生活性的佛教內容，便於接引初機者和想要學佛的有緣人。

因為我學佛後，一直住在加州洛杉磯，沒有機緣參訪國內的高僧大德，聆聽他們的教誡和開示，始終覺得是一大憾事。不過，我卻有更多機會接觸異教徒，尤其是基督教與天主教徒，反而常常有比較教義和辯論的機會，結果，讓我更慶幸自己選擇了正確的信仰，也能體驗到佛法的殊勝與奧妙。

依我的淺見，佛教將來在美國的發展空間不會比在東方社會遜色。愈重視理性和知識的社會，愈能襯托佛教的殊勝、偉大，因為佛教的內涵豐富正確，將受到文明人的喜愛與擁護，自然不在話下。怕的是，沒有人才來弘揚而已。

起先，我比較熱衷佛書閱讀，喜愛究竟教理，直到自己發覺讀經研究，沒有解除多少煩惱，經過一番反省，始知自己陷入知識論裡，變成一個佛學研究者。於是，我趕緊掉頭，轉向生活化的佛教。結果，才發現法喜充滿的感覺，原來出自「信受奉行」。

本著野人獻曝的心情，謹把這些心得提供給初學佛的同修，希望一塊兒來享受法喜，豐富人生。

學佛中，我很感激新竹福嚴佛學院師生的接引和栽培，在洛城時，「弘法中心」的同修們多方鼓勵與提携，尤其，本書能夠出版，幸蒙大展出版社蔡森明居士協助，都令我感激不盡。

劉欣如序於

洛杉磯

一九九二年十二月三日

目錄

佛在那裡呢？

我從前住在新竹縣鄉下，鄰居有一位陳老太太，兒孫各已成家立業，老伴兒也還健在，自己心廣體胖，一副悠閒的神態，讓旁人看了忍不住艷羨她「前世有修」。

一天清早，我看她剛從附近的寺廟焚香回來，手上提包水果和清香，我忽然若有所思，迎向前去問她：「你拜的佛爺在那兒？」

「在天上。」她毫不思索地回答。

不消說，她心目中那位佛爺住在西天，在遠不可及的西方極樂世界，也許正是那位伏魔降鬼的西天佛祖。那時，我卻出乎她意外地告訴她：

「你自己也是佛呀，因為你也能成佛，佛住在你心裡。」

她聽了一副茫然狀，只會睜著大眼睛望著我，我猜測她要我說出理由，不要無的放矢。可惜，我當時正有別的事來不及解釋給她聽。最不該的是，直到今天我仍無機會碰到她，好向她詳述佛為什麼在她的心裡？而她為什麼可能成佛呢？

說真的，我不會騙她。原因是，許多佛或菩薩，都是已經覺悟的有情眾生，而眼前所有眾生，也都有可能成為未來的佛，包括那位陳老太太在內。任何人學佛如果只停在「信」的階段，而不去求解、力行和證悟的話，都可能落入三姑六婆式的境地，以為那裡有神通、奇蹟、算命、八卦……。

記憶裡，達摩禪師面壁九年，終日默坐，也能成佛。他說：

「心佛不二，故曰即心即佛。」

後來，大梅禪師有一天問馬祖和尚：

「佛在那兒？」

他的師父——馬祖和尚不假思索，立刻答說：

「即心是佛。」

他說得沒錯，心裡看得開，萬般放得下，無憂無慮，自由自在，難道不是佛嗎？佛即是大自在。有時，從禪宗的立場找尋佛的住處，反而乾淨俐落，立竿見影。

六祖慧能大師說得更明白：

「凡夫即佛，煩惱即菩提；

前念迷即凡夫，後念悟即是佛；

前念著境即煩惱，後念離境即菩提。」

凡夫和佛不都在自己身上嗎？但是，佛與魔並肩而坐，也緊緊相鄰，靠這邊即是佛，站在那邊就是魔。不消說，誰也不能強人所難，硬要誰往那邊靠。問題是，怎樣靠近佛呢？自己想不想成佛呢？

我再引述『六祖壇經』的話：

「菩提只向心覓，何勞向外求玄？

聽說依此修行，天堂即在眼前。」

不執著外境，使自性覺醒，不是成佛的道路嗎？再看六祖另一段明確的開示：

「慈悲即是觀音，喜捨名為勢至；

能淨即是釋迦，平直即是彌陀。」

他說佛不住在宮殿，而是住在自己內心；誰叫自己不注意，偏要捨近求遠，本末顛倒，怪得了誰呢？

『金剛經』也教示世人要成佛、得自在，都不必要崇拜偶像，而得自己去實踐，才能見到光明的自性如來。

天台宗討論依法實相，也認為一切有情衆生，都具備理性和諸佛的法身，彼此平等，絕對沒有差別，所以，大家不必自卑，既是迷悟不二，也是佛凡一體，或叫凡聖不二。有一首經偈甚至指出：

「心，佛及衆生，是三無差別。」

南傳的經集上說：

「應解的已解，應做的已做，應除的（煩惱）已除，是叫做佛陀。」

表面上，好像沒有明指誰是佛陀，明眼人早已知曉自己也是佛。只要把應解、應做、應除的都做到，如此就是佛了。

說真的，釋迦族的悉達多太子苦行六年，直到他從尼連禪河洗完澡，坐在菩提樹下，完成第四段禪定以前，都不是佛陀，只留在菩薩修行階段而已，待他想通宇宙和人生的緣起緣滅，如實覺悟到人類根據自造的業，歷盡生生死死，一切都脫離不了苦。他有了這些覺悟，整個心才從無明的汚穢中得到真正解脫，產生一切智。他此時深信自己不再有生、苦和死等生命的輪迴，到此為止，無明終於消滅，真正心佛如一，成就一位覺者。我想，這才是當年那位老鄰居——陳老太太所要頂禮膜拜的佛爺吧!?

總之，那位菩提樹下的佛——真正的覺悟者，曾幾何時，也是出身釋迦族的悉達多太子。他跟凡夫一樣，七情六慾、五臟俱全，而絕對不是來歷不明，或從天上掉下來。

除掉「知識障」

日本政府的大臣，相當於我國的各部會首長，據說他們習慣不由博士或專家擔任，反而愛用通情達理、常識豐富的人。不過，他手下不乏學有專精之士，可以隨時徵詢意見，最後，才由大臣綜合大家的共識、權衡輕重，下達結論和指示。同樣地，大公司或商社的主管，也不太採用外國留學回來的人，而寧願聘用本國培育出來的。

根據他們的說法，博士大臣常常自以為是，聽不進別人的意見，執著自己的專長，而不會權衡達變，或根據各方資訊，做出最圓滿的結論，結果常常誤了大事。留學回國的主管，儘管見多識廣，傲慢心卻很重，不易跟人合作，反而妨礙整個作業的運作……總之，這種人不適合擔任主管，也不能得到圓融正確的結論，不是說他們不聰明，沒有學問，而是出在他們的知識障，才是病源所在。

這種人的我執太重，以為別人都不如我，關閉了正見的管道，對事情看法客觀不起來，囿於自己的學問，動彈不得。明明是一件很平常的事，他卻建造各種理論架構，加以修飾雕琢，反而變得更複雜和繁瑣，連自己有時也會迷惑。這樣，當然不能生出智慧，或做出圓滿的結論了。勿寧說，成事不足，敗事有餘，這種人學佛不會順利，反而令人同情。

美國境內的中國人，居住紐約和加州最多，尤其，洛城散居最多台灣和香港的移民和非移民。我聽說「小台北」一帶，博士和碩士級的老留學生多得滿街跑，各行各業裡都有。別小看那間大餐廳或戲院，說不定老板是某大學博士，也別以為眼前一間不起眼的照相館，很可能那位老板是電腦碩士……在某次佛法共修會上，我也欣逢三、四位大學教授，無疑都有淵博的知識，才能站在老外面前滔滔不絕。但我卻吃驚地發現其中一位薛教授，原是留美的生物學博士。我聽他的說話不太客觀，也許學佛資歷淺，佛法懂得不多，這是我當時的猜測。我聽他不斷批評某某居士佛學太差，跟他那心目中的世間知識，不能相提並論，同樣地，當另一位佛友指正薛教授的偏見時，他卻像自衛似地起而辯護，面帶慍色，明眼人一看就知他在鑽牛角尖，受困於知識障了。

寫到此，我突然想起廣欽老和尚的話：

「這樣的人不重視倫理道德，學點兒科學技術，也是皮毛，做人道理沒有學好，嚴格說，對國家社會沒有多大用處……。」

當然，普通知識不能缺少，也是現代人的起碼條件。但修行與悟解經藏的功力，是另一回事。不消說，知識障會妨礙自己對於正知正見的信受奉行，最後對人生的理解，也止於瞎子摸象而已。

『大智度論十七』指出，佛經有五蓋，其中一蓋接近知識障，即是「疑心」蓋。因為有知障，才不能透徹領悟。當然，他也不能撥雲見月，受用極為有限。結果會像一首佛偈所說：

「徘徊在十字路上，無異沒有前行的地方。

只會猜測實有法，彷佛一隻砍殺獅子頭的鹿。」

只有拋棄知識障，好好打開心胸，接受全部的善法，跟著善知識走。否則，只會毀壞自己的善根，達不到覺悟的彼岸了。高僧大德的開示，一般知識書本看不到，因為那是實踐佛教的智慧，怎能不加重視呢？

當年，佛陀在菩提樹下證悟的因緣法，可以直接詮釋人生宇宙的奧秘，相反地，許多外道們再豐富的哲學，再有道行的婆羅教徒，縱使熟讀「韋陀聖典」，還不是苦於人生不能究竟解脫。參悟生死大道，一定要靠智慧，不是仰賴一般人云亦云，或圖書館裡的書本。

知識障還會衍生一項大病，就是執著，或不通情理。『中阿含經第十六』說，有兩個漢子扛著沈重的麻走路，路上看見一大堆無主的貝殼和絲織品，片刻後，又看見無主的銀子。其中一人每次會放棄揹負的麻，改拿貝殼與絲織品，還會更換更多銀子。另一人不聽勸告，自以為揹負原來的麻才對，就繼續走路。不久，他們目睹一堆金子，那個揹負銀子的漢子，當然改拿價值最好的金塊了，反之，另一人依然不肯把麻放下，只說：

「我不要金子，你要的話，自己拿回去吧。」

揹麻的漢子的確不可理喻。不料，當他回到家裡，父母看了也十分不樂，罵他大笨蛋。

知識障的人，有時見善不取，見惡不棄，跟這個揹痲的蠢漢有何不同呢！

現代人在學佛路上，知識障正是一大剋星，絕對不能忽視。

『百喻經第一』有一段話，指出知識障畫虎不成，反類犬者。那是指一個外道自誇通曉占星術和其他特技，一直自視甚高，不把別人看在眼內。有一次，他要出國旅行，卻抱著兒子哭泣。別人問他原因，他說：

「命中註定孩子十天內必死，我同情他，才傷心極了。」

旁人只好安慰他：

「人命生死，很難知曉。這個孩子十天內會死，也未必是事實，你何必哭泣呢！」

外道聽了暫時不哭，卻很自信地表示：

「即使日月無光，星辰落地，我的預言也不會錯。」

誰知外道熱衷名利，到了第七天，為了證明自己的預言無誤，竟親手殺死兒子了。不料，莫名其妙的世人，也紛紛傳誦他的預言能力高人一等……。

其實，他根本聽不進別人的勸告，才會自造惡業。知識障害人害己，當如是也。

雖然說現代的教育普及，大家都有讀書的機會，從小學中學到大學，卻很容易使人造成知識障，抱持邪念邪見，不僅非個人之福，更不是國家社會之福。學佛的人要多見多聞，虛心接納，才能對治知識障，而後沐浴在法喜裡。

不要捨本逐末

我們住在美國，生活壓力很大，加上洛城的地方遼闊，幾位佛友散居東西南北，要想找個適宜時間聚會小酌，分享法喜也真不容易。有一次，一位張姓會計師，也是熱心護法的善知識，好不容易連絡幾位佛友，組成佛法共修會，其中竟有日蓮宗和真佛宗的信徒。我想，不分信仰的派別，只要真心奉行佛法，不要有我執，本著真理愈辯愈明的心態，因緣殊勝，我也樂意加入共修會——月光皎潔的初夏晚上，地點在阿哈布拉市的天恩素食餐廳。

有一位初學佛不久的陳太太，皈依日蓮宗，首先嘆息生命苦惱，不知怎麽解脫？在座一位吳居士解說，世人苦惱的根源，出在無明，就是對生命根源莫名其妙？例如對人的組成，因緣、無常、業力和輪迴等，缺乏正確認識，當然不能釋懷生老病死了。那麽，遵行戒律和八正道，才是解脫苦惱的途徑。

接著他補充人生最大、也是最徹底的解脫，就是怎樣離開六道輪迴，因為輪迴本身也是苦惱，縱使出生天上界，也非永久居留，例如天人五衰的徵兆，表示那裡也無永恆安樂，勿寧說，最大安樂在涅槃。

一位中壢來的徐姓同修，信受佛法的熱忱，無人不知，他最讚嘆淨空法師，每逢法師來洛城佈教，他再忙也會抽空去聆聽，看他那副享受法喜的態度，令人稱羡。他不諱言地透露，自己較少看現代人寫的白話佛書，只覺內涵不足，甚少智性，反而熱衷古文的經藏，那怕不能全部領悟，仍然受益較多，尤其，古今高僧大德們的實修記錄，縱使文句比較生硬，不很生活化，也能讓他如醉如迷，例如有一次週末，他雖然下班回家勞累，但飯後洗完澡，也能專心看完印順導師妙雲集之一——『性空學探源』，到天亮還不忍放手，他說有無窮的受用。

另一位工程師的王居士坦率指出，現代人的白話佛書，作者多半沒有實修體驗，只憑看經思索，博聞強記，這樣內容那有智慧可言？那有法喜可聞呢？當年，佛陀和大德們都是實踐行住坐臥的修持，實話實說，才有發人心性，助我精進的開示。依佛陀的教誡，五慾只能維持最起碼的層次，滿足最基本的需求，否則，會造成修行上的阻礙，但在現代生活裡，面對五花八門的資訊報告，六根受制於廣告的慫恿和誘發，有幾個人能定心去修持，落實在五戒裡呢？這群作者的話，當然較少可讀性，或充當學佛者的資糧了。

一位孫太太滔滔不絕自己學佛裡，遇見諸多奇妙體驗，才很傾向神通。不料，坐在她左邊的李居士迅速開導，任何宗教都有不可思議的境遇，不只佛教而已，無如，學佛不是追求這種境界，應該精進，邁向開悟成佛，神通絕不是目標，只能方便一下。例如目連號稱神通第一，照樣被外道用瓦石擊死，而不曾大顯神通殺掉敵人。佛法的核心之一，在因果報應。

若說神通是究竟目標，無疑跟佛教起了根本矛盾，定業豈能靠神通來扭轉嗎？學佛最忌本末倒置，或高估神通的地位，這樣，等於把佛教看成有神教，不是愈學愈離譜嗎？李居士一番肺腑的話，讓孫太太頷首稱謝，也令旁人同聲讚嘆：「對啊、對啊。」半晌，忽聽李居士一句重話：「只愛神通的話，不如信仰別的教。」

坐在角落一位濃厚四川口音的張居士，猶有餘悸，道出自己不久前在北加州碰到一次車禍的經歷，言下不勝慶幸自己得力佛菩薩的庇佑。他說，那天開豐田車在高速道路上往北駛，為了想超車，他把方向盤向左起，正要擦身往前急駛，忽見對面有來車，他只好趕緊將盤位倒轉，說時遲、那時快、自己的座車立刻偏右衝出，連翻帶滾往下墜……不知隔了多久，熱心的美國人才把他從車座拖出，暮色蒼茫中，只見座位前的玻璃破碎，自己全身泥沙，驚魂略定，美國人一直問他：「受傷沒有？」經過一番檢驗，除了新衣服撕裂幾處，全身連一點兒肌傷都找不到……佛友們都強調：「完全是佛菩薩保祐。」

正在一片無異議聲中，忽聽一位伊太太發出冷靜的口吻說：

「日本豐田車的科技水平獨步全球，縱使連駕駛員的座位設置，也有人體工學的專家一再推敲，或許用過機器人試過幾番車禍，考量駕駛員的安全度，廠方一定從各個角度，設想出最安全的座位高低，讓駕駛員縱使遇到翻車也能有驚無險，得到最大的生命保障，諸如這個因素也不可忽視，所以，張居士平安無事，除了有佛菩薩保佑，也要慶幸自己買到具有最大安全保障的豐田車，佛教很尊重這種世間法，加上出世間法的解釋，才能使答案圓滿，沒有破綻，這就是佛法高明的地方。」

說得也是，車廠技術，車輛品質，車速……等因素都可能影響駕駛員的安全程度，再加上佛菩薩的慈悲，才使張居士受到驚嚇而已，學佛能兼顧世間法與出世間法，彷彿要理解一棵樹的狀況時，不僅要注意泥土以上的可見到部份，還要連根挖出來檢驗，才能獲得最科學，最合理的圓滿答案。佛法所以被讚嘆為圓融，智慧的信仰，正是這個原因。

接著，有位年紀較大，將近六十歲的蔣太太一副茫然的面孔，提出疑問來請教同修。她說，有位親人平時無病，精神也正常，不知怎地，某日突然坐著不醒人事，須臾間又睜開雙眼，口裡念念有詞，好像中了邪魔，不知能否念大悲咒，或向佛菩薩求救。同修們幾乎異口同聲表示肯定，不料，那位大菩薩的張姓會計師急急補充，凡事要看實際狀況和因果，只求佛菩薩或只念大悲咒逐魔，也未嘗不可，它可能牽涉業力與因緣，但不能忽視事實原因，起病總有病因，那麽，求教醫生，診斷服葯才符合因果法則，佛法固然不能忽略，殊不知佛教不離世間法，捨本求末，有背學佛常識。

沉默型的溫醫師表示，自己對佛法由衷讚嘆，因為他看到佛陀在二千五百年前指出，天有無數層次，三十三天以上還有更多天，世間以外還有無窮的世界……這是佛教綜合宇宙學，太空學與物理學之大成，彷彿今天最新的天文學報導，從這一點可知佛法多麽浩翰，不愧為最科學的宗教。顯然，溫醫師從知識觀點來欣賞佛法，但他也重視實修，看他那恬淡雅靜的言語表情，也是正信的三寶弟子…。

前後大約三個時辰，直到餐廳打烊時間到了，一再抱歉催促，佛友們語猶未盡，又從各個不同的修行層次，侃侃談論心得。

就總的來說，不離正見正知，偶而有些離譜，幸好不算邪見，何況能破我執，力求精進，都會有些成就，不敢說成佛作祖，充滿法喜絕對沒有話說。

大家在互道幸會聲中，依依不捨，開車離去。

埋頭苦幹

我讀中學時，背誦國文「座右銘」一篇短文，只記得一開始是：「不道人之短，不說己之長……」當時只管背熟，而不太理會實踐，直到進入社會，參與複雜的群體生活，始知這兩句話，果然是人生的座右銘。信佛以後，我發現『法句經』的「不好責彼，務自省身，如有知此，永滅無患。」表面上似乎跟座右銘那兩句一樣，都是做人的藝術。其實，『法句經』這句詩偈才有更深遠，和更不尋常的內涵。

說得淺顯些，『法句經』的詩偈是，不要只看別人的過錯，也不宜一直在譴責別人的作為，應該反問自己到底做了些什麼。這是一般人最易犯的毛病，可惜，誰也不注意它。難怪我們客家人常說：「只有嘴巴說別人，沒有嘴巴說自己。」世人許多糾紛與爭執，恐怕都由這個無聊習慣引起的。

「六度集經第八」有一則瞎子摸象的故事，早已家喻戶曉，恐怕連沒有學佛的人也都知道了。且說有一群瞎子只摸到象腳、尾巴，或肚子、鼻子，就一口咬定象原來像大桶，像一根粗杖、像大鼓、像一條大繩……聽了令人捧腹，使得在旁那位召集人——鏡西王忍不住嘆息唱偈：

「執著自己，毀謗別人，一頭象產生兩個怨恨。」

世人都習慣戴著有色眼睛觀察別人，結果跟事實有極大出入，也造成許多誤會。古德說不要「坐井觀天」，也不宜「以管窺天」，也都表示以偏概全，絕非真正的全貌，只是事實的一小部份。

上例的毛病是，凡事都從「我」字出發，殊不知「我」才最易執著，最看不開，也最難放下。這也是佛法最強調「諸法無我」的原因。大德們說，三藏十二部其實都是教人怎樣破執著，怎樣「無我」罷了。如有「我」字當頭，情況變成只許官家點燈，不許民間放火的霸局。這時，怎不會招致民怨，天下大亂呢？專制時代的確是這種情況，因為天下為私，只有皇帝說話才算數，只有他自己才能訓人，也不想想自己是什麼料子，執著自我時，心裡一點兒反省或自責的空間也沒有。

但是，中國歷史上有兩個君主很出色，他們有過很大的霸業，共同特色是肚量特別大，我執反而不那麼嚴重，不只肯接受不同意見，收容昔日的敵人；還能利用他們的優點，聽從他們的主意，化敵人為朋友。這兩位君王是齊桓公和唐太宗，前者重用管仲，後者也對待曾經為敵人的魏徵，幾乎言聽計從，而不計較他們以前的立場。

學佛不徹底也有我執，所以，佛教界出現許多是非。例如洛城有一位張姓佛友，雖然家裡設置一間大佛堂，每逢假日都邀請佛友去交換學佛心得。他自掏腰包印佛書到處結緣，實踐法布施。可惜，他卻常說某位法師這裡不對，那裡不行，指摘不休。我常常勸他，大家都是凡夫，不要用佛菩薩的標準來看待凡夫。

凡夫委實不夠圓滿，還有很重的我執，我提醒他，當年美國甘迺迪總統有過一句名言：「不要問政府給你什麼，只問你給美國奉獻了什麼？」同樣地，不要一味指指點點那位法師的做法，應該反省自己到底給佛教做了什麼？『法句經』上說：「不觀他人過，不觀作不作，但觀自行，作也與未作」，正是這個情況。

日文裡，把「私」字解成「我」的意思頗有道理，天底下那個人不自私呢？俗語說人不自私，天誅地滅，可見我們統統都要努力破我執。在民主時代，最大的進步是，允許政府，總統或官吏，都能被百姓以旁觀者清的立場，或以實際生活的感受，吐出由衷的意見，當做他們的反省教材；大家和諧，社會才有進步。所謂多元化社會，就是讓少數存在，例如少數的意見，少數的價值觀，立場或身份，都能受到保障或尊重。

真理愈辯愈明，佛陀一向重視心智的培養，旨在怕人執迷不悟。不要凡事都得相信誰說的話，應該靠自己冷靜想一想才對。

據悉李總統用人的標準，獨鍾「沒有聲音的人」，真是很睿智的觀點；因為那種人不愛說話，只知埋頭苦幹。相反地，說得多做得少，沒有成績可言。甚至滿口胡言，廢話連篇，還自以為是，結果才要憂慮呢？

『法句經』的「不好責彼」，包括語言文字和手腳動作。不經自我反省，就出口罵人，或以文字，及動作攻擊對方，都違反佛的教誡。世上的人言可畏，也許是這個原因。那麼我們如何「務自省身」呢？『法句經』也有進一步解說：「不誹與不害，嚴持於戒律，飲食知節量，遠處而獨居，勤修增上定，是為諸佛教。」真金不怕火，自己出發點正確，問心無愧時，什麼人言也不足畏。日久見人心，真正三省吾身的話，也會得到別人的尊重。

人生四最

『法句譬喻經第三』裡，佛陀曾對四位弟子有過懇切的教誡。因為那四位新進的修行者，在祇園精舍目睹鳥語花香，竟情不自禁談起昔日的俗情歡樂。開口閉口，都是聲色春光，而言不及義，簡直忘了自己是來修行和參學的身份。可嘆天下凡夫，都不易領悟人生幾項「最上」的事。那就是：

「無疾最上利，
知足最上財，
信賴最上親，
涅槃最上樂。」

俗語說，健康是最大的財富，現代人所謂的健康，似乎比古代人的看法廣泛些。除了指肉體，還要包括心理，精神或意念方面；倘若精神萎靡，或沮喪，就不算健康人。只有身心健全，才是真正健康。其實，佛教的健康觀也與現代人一樣，身心的平衡發展，絕對不能忽視。

在工商社會裡，一般人承受重大的精神壓力，例如價值觀的變遷大、感情變化的機會多，職業變換不定，都容易招致人們的精神衰弱，和機能失常。所以，現代人的自殺率遠比古代人多。

生理學家預測，現代人的壽命極限邁向一五〇歲。倘若單指肉體健康，那倒不一定是人生的幸福；應該包括內心寧靜，情緒穩定和信仰寄託等。

有人在書信的結尾，問候招呼，或分手時，都習慣祝對方平安快樂，可見身心健康，真是人生的財富。

佛教把病苦放在人生的基本苦惱裡──「生老病死」。釋尊當年出家的原因之一，也是一個病人的慘狀，引起他的傷感。在釋尊時代，耆婆是天下第一名醫，他不僅醫術高明，皈依佛陀以後，也能兼顧精神治療。例如他苦苦勸誘阿闍世王去造訪釋尊，否則，天下無人能醫好他的業病和內心的煎熬。

依佛教的解說，中國人所謂「知足常樂」，是要知道慾望的最大極限；凡事懂得適可而止，不能貪求無止境。反之，也不能什麼都不想，或不要；這樣等於逃避人生最基本的欲求，不符合進步原則。於是，就談到怎樣調御欲望的問題。這方面最要緊的，是循著正常途徑求發展。例如君子愛財，要取之有道。凡由搶劫、偷竊、欺詐、背信、侵佔而來的財富地位，都不正當。例如佛陀向四位新來的弟子們開示，貪慾過度會產生憂慮、恐懼，也會讓人破戒。如果不收歛貪慾，必不能橫渡生死的巨流。

我國東南沿海的人民，早期到南洋去謀生時，那能像現代人身懷巨款出國呢？據說都是身無分文，才到異鄉求發展；只有歷經吃苦耐勞，才能漸漸立足。新僑剛來時，人地生疏，全憑信用，向老僑借錢；所謂人格擔保，而不需要支票或不動產抵押。僅憑一句話，就敢借錢給人，也是一諾千金。彼此信賴，無疑是中國早期華僑社會發展的原因之一。

八十年代初期，日本有一家大型車廠賣出一批貨，事隔兩年，才發現那批車子有問題。可是，消費者還矇在鼓裡，如果廠方不主動揭曉車子的缺點，消費者也會安心使用下去，而不會向廠方埋怨。

不料，廠方覺得車子不按當初的計畫製造，縱使車子眼前照樣行駛，廠方也有責任收回修改，那怕花費再多錢，也應該向消費者負責到底。於是，他們立刻通知全球的消費者，要免費替他們修好車子，這一大手筆馬上引起全世界商人的喝彩，也完全得到消費者的信賴，其實，這個舉動也給廠商自己奠定更佳的商譽了。

許多人對涅槃常常產生誤解，以為進入涅槃，就等於普通的死亡。如果涅槃指死亡，那麼，學佛信佛不就等於學死求死嗎？於是，有人常用反面的文詞解說涅槃，比較不會引起誤解。例如，巴利文雜部經常用「斷愛」、「止貪」、「寂滅」等字。該經原文說：

「涅槃是徹底斷絕貪愛，放棄它、摒棄它、遠離它、從它那裡得到解脫。」

「雜部經第四集」說：「貪的熄滅、瞋的熄滅、痴的熄滅，即是涅槃。」或者說：「生死相續的止息，就是涅槃。」

可見死與涅槃不一樣，如果死等於涅槃，那麼，死在臨頭，人還會快樂嗎？臨死時，念念不忘這個，放心不下那個，執著子女、財富、地位……這樣絕對不是涅槃，只是凡夫的死罷了。百般不願放棄俗情俗世，貪嗔痴照樣在內心燃得猛烈，這樣只會死不瞑目。

只有親自證得真理，或涅槃的人，才是世間最快樂的人。原因是，他不會受制於任何情結，包括執迷、憂愁、悲傷和煩惱等困擾世人心理狀態的東西。他的心理健康非常完美。他能不追悔過去，也不瞑想未來，只有紮實地生活在現在裡。所以，他能以純淨的心情，欣賞和享受一切，而不摻雜一點自我的成份在內。他有無比的喜悅，雀躍在享受純淨的生活。

依照巴利文中部經第二集說，證入涅槃的人，沒有「我」的錯覺，故不渴求重生。他不求得、不積儲，甚至不存著精神食糧。而且，涅槃會超越一切兩立與相對的概念，不是一般善惡，是非和存在與否等觀念所能概括。

它跟著普通以「快樂」一詞來形容的情況也不一樣。

有一次，舍利佛說：「同修呀，涅槃真是快樂，真是快樂。」

優陀夷問他：「舍利佛呀，我的朋友如果連感覺都沒有了，怎麼還會有快樂呢？」

舍利佛果然是有智慧的人，他的答話含有高度的哲學意味，不是一般人能夠了解，只聽他說：

「沒有感覺本身就是快樂。」

總之，涅槃是超越邏輯推理和理性的，的確不能用文字和言語來表達，否則，就會變成文字遊戲了。涅槃是由智者內證得到的，只要耐心地依據佛教去修持，如何淨化自己？必能得到心靈方面的成長，而不必死心蹋地去鑽研艱深的文字說明。

總之，學佛的人，應該趨向內證涅槃的大道前進。

最穩的投資

電視新聞裡，有一則令人驚訝的消息——台南侯氏家族漏報遺產稅十億元以上，而最諷刺的是，內幕的揭發者居然是自己人。換句話說，這純粹是子女們為了爭奪遺產，不惜對簿公堂，所引起的家醜外揚。說真的，在目前的社會裡，後代子孫為了爭奪遺產而告到法院的案子，可以說不勝枚舉，而台南那個家族是因為漏稅的數目太大，才會聳人聽聞，而不是由於案子的原因與性質。

國人一向都把自己辛苦一輩子的事業或財產，習慣由子孫繼承，最好也世代傳襲，成就萬年的基業。祖先或父母親都認為肥水不能外流，惟有交給子孫才是最保險，自己在九泉之下，才能瞑目。

信佛的人，千萬不能落俗。原因是，這個繼承法的缺點很多，也很不保險。勿寧說，最好的儲蓄，莫過於行布施，多做善業。這種投資和儲蓄，一定能收回很高的報酬與利潤。佛教徒深信六道輪迴，也知道人死萬般帶不走，只有業隨身。有了布施的善業，縱使不能出生天界，下輩子做人時，也用得上前輩子的投資所得，和連本帶利的儲蓄。結果，自己享受福報不是最可靠和最有利的儲蓄嗎？

例如今生做將相，當販夫的人，多少涉及上輩子的業力果報。

生於憂患，死於安樂，也是教育子孫的好原則。在古代的農業社會，家產留給子孫繼續經營，變遷不會太大，也許能夠傳到好幾代。但在現代的工商社會裡，市場狀況錯縱複雜，同行競爭十分劇烈，若沒有精明的能耐和訓練，再多的遺產和前人的財富，也會很快被虧光。目前有許多富豪，財產多半是靠自己賺的，由貧困崛起，慢慢打拼出來。

在日本，一向享有「賺錢神仙」的邱永漢先生說，只要教育孩子有賺錢的頭腦，而不需要留許多財產給他……這是過來人的經驗，據說他當年出國除了手持一把雨傘，幾乎身無分文。

從前，我家鄉有一個李姓的大富，以當時的貧富標準來說，工商業不發達，誰有最多農田，誰就是最富有。那位李姓富翁，不但擁有全鄉最寬闊的農田，還經營貨運，養了四、五輛大卡車，專門替木材商從山裡運木材到製材所。

總之，不論不動產或現金，那個鄉裡實在以李氏家族首屈一指。不過，這些財產聽說都是他父親在經營，也是他父親一雙手辛苦創造的結晶。可惜，他的獨生子不僅生來平庸，不能繼承父業，反而吃喝嫖賭，樣樣精通。鄉人都在私下替那位老父惋惜，猜測他的財產不過三代。後來，創業者死了，不到一年，李氏家族的一切財產果然都易手讓人了。

佛法最重視世事無常，尤其，目前的社會牽一髮動全身。有許多變數連自己都掌握不住，何況，不曾歷經訓練、沒有奮鬥體驗的子女，一旦遇到問題，不知怎樣應變或解決？處理問題的能力，是完全仰賴實踐或磨練；不是懂原則或知識，就能輕易孕育出判斷力、魄力和勇氣。再者，即使眼前有不少財產，有時也會遭到時局、制度和立法的影響；瞬息間，可能使人由富裕變爲貧困。學佛的人，不難從此領悟無常的存在。

例如三十年前，我住在永和鎮認識一位私立小學的工友，大家都叫他老張，因為他不肯吐露真實名字，才以他的姓來稱呼。不過，這位老張的言談舉止，實在不像一位道地的工友。因爲老張說話慢條斯理，動作穩重，而且能寫一手好字。起先，大家奇怪老張這種身份怎肯當工友呢？不久，才傳出老張不是台灣人，而是印尼的華僑。他曾經做過僑領，在印尼華僑界赫赫有名，財大勢大。有一次聊天時，我忍不住問他，為何不留在印尼做自己的事業，而願意在此幹工友呢？只見他先嘆了一口氣，之後才吐出實情。

原來，老張在印尼的確有過百萬財產，也領導華僑反共，積極替台灣政府做宣傳。誰知後來印尼跟中共建交後，印尼政府在中共的慫恿下開始排斥反共華僑。結果，印尼政府藉故沒收老張的財產，打擊他的事業，迫使他在印尼沒有立足之地，才退到台灣屈居學校的工友，解決生活困境……。我在尋思，人還活著，尚且看不緊自己的荷包，也別以為巨款存在銀行或鎖在保險箱最安全；像老張的例子，連自己賺的財富都享受不到，做夢都想不到短短二十年裡，會由巨富淪為工友。『阿含經』上說：

「積聚終銷散，崇高必墮落，合會終當離，有生無不死。」不僅生命難逃無常，連身外之物也一樣。如果交給不肖子孫，什麼萬年基業也會化成烏有，所以，用自己的心血布施行善，自有善報。「法句經」說：「此我子我財，愚人常為憂，我且無有我，何有子與財。」我想起『雜譬喻經』一段故事，指出兄弟兩人作風不一樣，哥哥懂得把財產做最好的儲蓄，那就是自己去修行佛道，修成正果。弟弟熱衷名利，死後投生做一條牛，幸好由哥哥來指點他，他才恍然大悟。

許多人常說：「豹死留皮，人死留名。」好像只要能留名，不管好名壞名都不打緊，所謂「不能留芳千古，也得遺臭萬年。」這種心態跟立德、立功和立言的留名，有天壤之別，也不能同日而語，因為立德、立功才算最穩的儲蓄啊！

佛法強調無我，連自己的身體、性命都靠不住，也不是自己的，不過，上述的儲蓄和投資，倒也能歸諸於「我」。因為它屬於自己的業，永遠追隨自己。現在，國人豐衣足食，最有資格做這方面的投資，也最要珍惜眼前的儲蓄，留再多財產給子孫，不如自己做最穩的儲蓄，百無一失，何樂不為呢？

惜緣去癡

由於世人發現地球患病，而且病入膏肓，才於不久前，在巴西里約舉行地球的高峰會議。這是人類對自己居住的大環境表示極度關切，才有一百八十個國家的領袖與代表們趕來商討，意義非比尋常。

從開會討論裡，發現佛法所謂娑婆世界，果然名符其實，那個「堪忍」的人間，絕非一塊淨土。

現代天文學者說，蒼蒼宇宙間，極可能只有地球才最具意義和活力；因為只有地球的云云衆生，才有最高靈性，具備旋轉乾坤，奪天地造化的能耐。

我們聽到這裡不禁慶幸『法句經』所說：「得生人道難，生得壽終難。」尤其，我們更慶幸能夠立足在有空氣呼吸，有土壤耕作，有晝夜循環可以休憩，又有繁茂森林，彎曲河川可以欣賞的美好福田上，真是幾輩子修來的福報，才能從六道輪迴裡，來到這個大好地球上。可是，世人不知惜福，偏要把它搞得烏煙瘴氣，到處穢污。這一點在此次會議裡，真是得到痛苦的共識了。

以前，我讀法國哲學家盧梭的作品，聽他說人類生下來本是美好純潔，奈何一到人間社會就變壞了。我心想，他未免把人間描述得太惡劣，事實真有這麼壞嗎？『法華經』和『衆經撰雜譬喻經』裡，都有故事把人間比喻為火宅和地獄，似乎跟盧梭的意思一樣，人類生活的環境，簡直跟佛教的淨土完全相反。依我看，也許是人類的聰明才智有偏失，而非人類的真正本意了。雖然，世間的好人永遠比壞人多，但從地球高峰會議裡，似乎不難找到世間毀壞的原因了。

報章雜誌不時強調，那個國家的國民生產額有多高，工業化有多進步？難免讓人誤解國民所得，或工業化程度愈高，好像人間要變成天堂，人類文明愈趨圓滿的樣子，殊不知這個結果只是先進國家為增進財富，滿足無止境的物質享受，才恣意浪費地球有限的資源，而不惜破壞地球。

例如，地球大氣層有百分之七十五廢氣量，許多森林被砍伐，化學物品殺害數不清的其他生物。難怪會議裡有七七個開發中國家的代表，憤恨不平地指責那些富國要為地球疾病，和自然資源的損失負全責了。

現代人好像迷失了，物慾的貪求太熱絡，平時只會喝采這方面的成就。例如，西藏精神領袖——達賴喇嘛，接受日本朝日雜誌主編下村滿子訪問時，也嘆息西方文明太偏向物質層面。這種傾向一直擴大，迫使人類原有的價值漸漸消失，內心的精神與珍寶也慢慢不見。世人一定要警惕，一定要改正。

會議裡，第三世界國家一直要求富國增加對貧國的援助，央求富國拆除保護主義貿易的壁壘，減輕沉重的債務負擔，聯合國也呼籲各國拿出責任心與熱忱來拯救地球……不可諱言，全球人類的貧富程度相差非常懸殊，文明與落後也差別極大，大家同樣生為地球人，四海皆兄弟，彼此扶持是應該的，富國布施窮國，藉此種福田，有何不可呢？真正的富國，更不能仗勢欺人，或不理會窮人的困境。

目前，富國百姓的物質生活，簡直奢侈和浪費到極點，例如報載外國人住在東京，居然能從堆積如山的垃圾裡，找得到任何生活上還可用的物品，意指半成品或完整的東西也被人當做廢物，可見日本人沒有節儉的習慣了。同樣地，美國也處處可見垃圾桶裡，還有包裝完美的麵粉，牛油，奶粉，水果，衣服等，把浪費看成美德，誤解大量消費，可以加速生產，解決失業，帶動景氣循環……表面上，好像言之成理，殊不知這種不知惜福的壞觀念，正是貪求物質享受的反映，而且，目前富國人估計佔全球人口的百分之二十，但卻消費全球百分之八十的資源，這樣享受物質生活的態度，是違反佛教的根本精神。

佛教要世人切勿耽於六慾，盡量降低物質享受，發掘內心的寶藏——佛性。『法句經』說：「知足最上財」，知足指物質享受，應該適可而止，不要貪求無厭。

會議裡，第三世界國家的代表，言語咄咄逼人，似乎也不知自我反省，滿懷瞋恚心，也未必是正確。他們應該檢討貧困的原因，倘若不求精進，好吃懶做，也不合乎佛教的精義。

例如「大莊嚴論經」有一則故事，值得他們參考和警惕。大意是：

一個漢子心想，與其每天辛苦工作，不如向神祈禱，賜給我現世得安穩，財寶兼有快樂，於是，他就把家庭事業，田園工作交給弟弟，自己卻不做事，不分晝夜在求神：

「請您賜給我現世的安穩和利益，讓我財源滾滾。」

天神知道他很狡猾，不去工作，只求福利，和不勞而穫的觀念錯誤，乃化出人身來作偈教訓他：

「不播種就沒有果實。過去不播善因的種子，今天那會有善果？你這樣做，只會自尋苦惱，不必來麻煩我……。」

如果開發中國家和窮國，只想伸手向富國要錢，這樣也只能救急不救窮，意指只能救一時，不能救永遠，根本辦法要靠自己。誠如佛經上說，佛陀住在王舍城時，有一天，摩竭陀國的國王準備攻打鄰國，便派一名大臣來徵求佛陀的意見。佛陀沒有直接回答，便提出國家富強的七項條件：

「人民應該和睦相處，共同商討國家大事，遵守法律，敬愛父母和師長，注重道德生活，尊重各人的宗教信仰，聽從賢者和智者的勸導。這樣，國家便能富強了。」

自助才能得到旁人的幫助，尤其，求己比求人要好。如果不信受奉行這些道理，無異是愚癡。永遠也會貧困下去，惡性循環，而沒有解脫的日子了。

依照佛教的觀點說，國家的發展也彷彿個人的修行，要維持平衡進步，不過分強調物慾，但要重視精神層面，才合乎中道原則，才能趨向圓滿得到真正幸福。若偏重任何一方面都不能造成快樂的社會。地球人也是一個整體，彷彿不能分開的個人，不能受制於貪瞋痴。否則，只會傷害地球，毀滅自己的立足點——大福田。

大家有緣相處在地球上，理應患難相共，共同護持人類的文明和進步。巴利文「增支部經」指出，佛教所謂真正進步，不是只有物質，而缺乏精神與道德基礎的進步。佛教鼓勵物質方面的進步，但重心永遠在精神與道德的開展，並要追求快樂、和平和知足的人間。

人爲財死嗎？

我不止一次聽說前行政院長孫運璿，公開嘆息和懊悔，當年因為台灣經濟窮困，沒有工廠，失業人很多，他才盡全力去發展工商，讓經濟掛帥，而無形中忽略其他社會倫理，人文和道德方面的平衡進步，才造成今天人心惡劣的局面。他肯坦率認錯，指出社會患病的原因，也不失為硬漢的作風。

今天，台灣連孩童也會綁票勒索，不分老人和婦女，都有層出不窮的犯罪行為。這種情形跟台灣經濟奇蹟極不協調。貪婪的動機，除了為錢財，還有瞋恚、仇怨，動不動就狠心殺人，滅屍分屍……總之，這樣下去令人躭憂極了。

社會變化跟個人彷彿，凡事也都有因果。孫運璿的懊悔，無疑是業因之一。就以貪慾來說，顯然搶錢或勒索，不是沒有飯吃，才被逼上梁山。他們寧可冒生命危險，搶人錢財，或不顧人格，用非法手段，去圖謀或霸占別人的財富。其所以如此，是社會上笑貧不笑娼，祇問羅衣不問人所使然。

其實，正常的工商社會裡，企業家或經營者，也不是見錢眼開，死要錢而不顧社會倫理。勿寧說，怎樣把工廠經營成功？怎樣改良產品，服務人群，得到合理的報酬，才是企業經營者的責任，也是工商業存在的目標。

記得那年，我也因為商務出差到日本靜岡市，結識一位姓千野的大商人，他經營很龐大的木器廠，手下員工兩千多人，生意興隆，那時日本經濟正在頂峰，幾乎每一種行業都有錢賺，千野社長當然不在話下。那天，我在他家裡作客，蒙他熱心款待之餘，還看到他特地搬出日本全國一百名最高所得稅繳納人的名册，在靜岡縣十幾位大富裡，他也是榜上有名，我還聽他雄心勃勃地說：

「我每時每分都想到生意的事情，而且全力以赴，做人做事都一樣，要全力追求自己的興趣和目標……。」

我馬上笑著對他說：

「你這樣熱心賺錢，難怪你是靜岡市的富豪。」

不料，他聽了很不快樂，一臉正經地告訴我：

「你說錯了，我只是籌畫我的事業，那是個經營團體，對社會和國家有一種責任……如果純粹為賺錢，不如開應召站和酒吧。因爲那種『水』生意最有錢賺，但在日本人眼裡沒有一點兒社會榮譽，社交上遞不出名片。」

從此，我始知千野社長是很有榮譽感的生意人，因爲他知道商人的社會倫理與職責。而沒有一頭栽在錢堆裡……。說真的，台灣社會的金錢第一，不一定是商人企業家搞出來的，也許還有更複雜的原因。不過，目前國人追求財富到不擇手段的地步，不顧一切去賺錢是不爭的事實。歷史上，只有原始資本主義的作風才會這樣，佛教不反對正常的商業行為，也鼓勵世人重視合理的經濟收入，故在八正道裡含有「正命」和「正精進」。

根據『增支部經』說，佛陀有一次告誡一位最忠誠的在家弟子——給孤獨，他在舍衛國捐贈祇園精舍給佛陀和佛弟子們居住，也算是一位大富。佛陀說，物質與錢財方面的樂趣，遠不如善良無過失生活所帶來的精神樂趣，前者不及後者的十六分之一。

在台灣，一個人的成就與否，完全被人定位在多少財富，而不在乎有沒有品德，和文化教養等。在金錢至上的觀念下，為了錢什麼都可以賤賣，包括賣自己，賣父母，賣子女都不怕。無所謂人間的溫情和愛心。不料，這種情形在美國某個階層也有所聞。

報載前美國總統雷根的女兒，寫一本關於父母親的書，高價賣給出版商，發了一筆不小的財。顯然把父母當做發財的工具，原因是，她把父親寫成無主見，而自私的男人，凡事均由母親擺佈。總之，許多描述都不是事實，純粹是她捏造出來的。

當然，雷根夫婦知道書的內容後，震驚和傷心不可言喻，但是，雷根照樣說一句話：

「她終究是我的女兒。」

天下父母心，再頑劣不堪的兒女，都能被寬恕的。

這事使我想起『百喻經第一』有一則笑話，也是供給世人反省的好材料。

且說有一位賢明仁慈的富翁，世人都在稱讚他。一天，一個蠢漢指著富翁說是「哥哥」，一會兒又說不是哥哥，別人奇怪問他為何如此？只聽他說：

「他是大富翁，我才叫他哥哥，如果他那天負債，他就不是我哥哥了。」

『大莊嚴論經第十五』有一則更類似今天台灣實況的故事。大意是，拘尸那城有一名商人，名叫稱伽拔吒。他本是百萬巨富，後來，貧困到谷底，所有親友都不理他，一直輕蔑他。他只好離開故鄉，前往外地去發展。幾年後，他又發了大財，準備返鄉。

親友們聽了立刻改變態度，紛紛拿著食物，香華和花品在路上迎接。他知道後，故意衣裳襤褸，混雜在僕人隊伍裏。親友們起先找不到他，好不容易發現後，才問他原因。

不料，他冷淡地答說：

「我在貧困沒落時，諸位不理我，現在卻忙著來迎接，其實，你們不是迎接我本人，而是為了我的財產……。」

儘管古今中外，人情世俗都這樣重利輕義，失去坦蕩溫馨的心境，無異是可悲可恥的人間寫照。學佛的人，不應淪落到這種地步。尤其，要格外地深思和警惕，錢是身外物，也是永遠賺不完的。有錢不一定幸福，反而會失去更重要的東西。

記得有一次，我到洛城一座著名的公園參觀，突然遇見一位國中同學，雙方三十年不見，異地相逢，那會不驚喜呢？之後，我們經常保持連絡，也保留當年純真的友情，彼此無話不談……於是，我知道他在台灣做過大生意，也賺過不少錢。不料，有一年被朋友牽累，不但賠光了財產，而且只帶幾千美金匆匆逃來洛城。當然，他只好被迫到一家成衣廠打工，再苦的作業也忍耐下去。幸好有辛苦，就有代價。因為他的待遇還算優厚，幾年後他向我吐露，如果儲款到達某個數目，將是多麼快樂的事。那時他只管存錢，什麼娛樂、休閒、交友……都沒有。我想這也難怪，他身上無錢，自然缺乏安全感，何況，他要東山再起，重振昔日的雄風，就更需要資金了。

有一天，他偷偷地說，他預定的存款數目達到了，但他仍覺得不夠，還要提高存款標準。換句話說，他又給自己訂下一個更多的存款目標。一年後，他又說存款目標達到了。但是，他又跟上回一樣，又擬訂更高的存款指標，也就是要存更多錢。接著，他又埋頭苦幹，拚命賺錢，其他什麼事也不理會。這樣經過六年光景，有一天到舍下聊天時，他反而語重心長地問我：

「奇怪，我每年都擬訂存款數字，也都能按時間，如願存到那個數目，一連好幾年，只見存款數字增加，但是，我內心裡也沒有多大快樂，反而覺得錢愈少……。」

我心想，這正是貪求無厭的例子，如果一直要多多益善，永不休止，那麼，他永遠會成為守財奴，只為存款而活，失去生命的重要意義，這樣絕非人生之福，也不可能有快樂的日子。

「人為財死，鳥為食亡」，刻畫出人生與錢財有交纏不清的關係。要勸人不貪財，不愛錢，事實上不容易，但最重要的是，懂得適可而止，而且錢財與生命或幸福，絕對不成等號。『大莊嚴論經』有一段故事，曾經讓我反省過好久。

且說休瓦塔國的國王在打獵途中，發現一座佛塔，立刻掏出五塊錢供養。一個賤漢看了不禁嘆息一聲：「善哉。」

國王叫他過來問話：

「你看我只掏出一點兒錢，就敢嘲笑我嗎？」

他堅決否認了，但卻實話實說：

「我從前當強盜，專向山居人恐嚇敲詐。有一天，我捉到一個旅客，我向他百般恐嚇，他反而握緊拳頭，死也不肯放。我心想他一定握有不少錢，就把他痛揍一頓，威脅他打開手掌。誰知他不肯聽從，我爲了貪錢，只好放箭射死他。但是，打開他的手掌一瞧，反而令我大吃一驚。我看見他手中只有一塊錢，難道生命的代價只有一塊錢？我為了要拿他一塊錢，竟敢殺死他，他為了珍惜一塊錢，不惜失去生命。我心想，這一塊錢實在太貴重了。之後，我才感到錢的可貴。剛才看見大王供養五塊錢，真是一筆大錢。我才忍不住大聲讚嘆，決不是嘲笑您啊。」

故事含有幾點重要的啟示，我學佛以後，感受更加深刻。那就是善心人出手大方，供養可得有很大功德。反之，自己的生命可以賤賣嗎？為了貪錢，而射死人所造的惡業，不知比他得到的錢多出幾百萬倍？實在不划算。

一般人貪財的程度，儘管嚴重到不可理喻，而正信的佛教徒縱使不能看破財關，或扭轉歪風，至少不能同流合汚，毀了自己的善根福德。

和顏悅色

哭笑是怎麼回事，儘管各人說法不同，我想，大家感受一定一樣，而且從小時候開始。都有過這個體驗了。尤其，誰不想天天笑著過日子，而想哭個不停呢？因為前者代表開心，後者代表傷心。

我以前看過一本神話小說——『火燒紅蓮寺』，書裡有一位笑道人和哭道人。當時，我真羨慕做笑道人，一輩子能夠喜喜哈哈過日子，不是可以長命百歲，快活得像神仙嗎？不知他笑的工夫怎樣修得？那時，我也懂得笑象徵人生的光明面，表示正派或好人，而哭給我的印象惡劣極了。

人活一輩子，哭笑喜怒統統有，也未必是命裡註定，這是我學佛以後才知道。記得從『了凡四訓』一書得到的印象最深刻，雖然它不是一本佛書，也非佛弟子的記述。在世間法裡，笑有不尋常的意義。現代心理學也指出，歡樂大笑或開心微笑，都有益身心健康。

『雜寶藏經卷』上說，人有七種布施，不用財物也能得到很大果報。其中第二種是「和顏施」。意指對待父母、老師、長輩、法師和宗教家們，都要和顏悅色，面露微笑。「微笑」或「和顏悅色」，也是現代競選最重視的秘訣。七十年代的東京市長美濃部代競選時，雖然七十高齡，也不擅言辭，但他的臉上一直掛著微笑，最後得到成功了。

有一年聖誕節，台灣佛學院同學寄來一張賀年卡。卡片雖然樸實，我卻非常喜歡上面布袋和尚的微笑像。挺胸凸肚，笑口迷人，讓我看了不忍釋手，也想起那句膾炙人口的詩偈：「一缽千家飯，孤身萬里遊，青目睹人少，問路白雲頭。」這正是象徵他那微笑人生觀的寫照。現在有一尊供奉在我家桌上的彌勒佛，看了也極易引起我的共鳴。

有人說布袋和尚是彌勒佛的人間示現，只是真人不露相而已。因為有首偈語為證：「彌勒真彌勒，分身千百億，時時示時人，時人自不識。」只因世人福薄，有眼不識廬山真面目，才會嘆息佛法難聞，無緣當面恭聽他的開示。

去年歲末，我到京都一家佛像店裡，目睹一尊佛陀微笑的雕刻像，莊嚴慈祥，令我非常心動，聽說它已經被人訂購，現在寄放在那裡。佛經上記載，佛陀說法時，也屢現微笑。例如『僧伽羅剎所集經』卷中說：「爾時世尊如是笑，作如是因緣，本行所造，憐彼衆生故，便現如是笑。」因為佛陀心憫天下蒼生，才會示現欣笑，而他的笑口裡也會放出各種妙色光明。『處處經』記載，佛的笑口裡，由於以下因緣，才會放出五色光明。那是㈠、欲令人有所問，而所問有益處。㈡、恐人言佛不知笑。㈢、現口中的光明，㈣、笑諸不至誠。㈤、笑阿羅漢守空不得菩薩道。

我認識一位佛畫家李雄風居士，他住在洛城談佛論道，可以一連好幾個時辰不疲倦。他到過敦煌研究佛畫，據說千佛洞第一一一窟有一副雕像，呈現釋尊和多寶兩佛並坐微笑，有十分慈祥的寶相。許多人誤會佛陀一直道貌莊嚴，會令人不敢仰視。其實，佛陀大慈大悲，心懷坦蕩，怎會使人敬而遠之呢？只是一般寺廟比較少見佛的微笑像罷了。

洛城版「慈濟世界」有一件感人的報導，屏東市一位精神病院的李醫生，天生嚴肅的面孔，加上職業上必須接觸精神病患，才使他不苟言笑，讓病人和護士見了他都會怕，其實他心裡很仁慈。後來，他加入慈濟隊伍，得到證嚴法師一番開示，據說他感觸之餘，當場跪下，淚水直流，從此判若兩人，才經常笑容滿面。

他自己吐露：「微笑真是人生的良葯。」

原來，那次證嚴法師只是以落實佛法的修持，重新詮釋微笑的意義，再教誡他生活多麼需要「笑容」：「你遺失了你的笑，現在，你要重新把它撿起來，見到人時要微笑，要從內心微笑，感恩地微笑出來。你要把多年來失去的笑，重新掛在自己臉上。」這不是不花錢，又可得大果報的「七項布施」之一嗎？

依我看，微笑可在現代生活裡，列為一門必修科目。微笑或哈哈那副開心貌，具有破涕轉怒的巨大力量，緊張憂鬱的生活裡，無論如何不能失掉這副潤滑劑。我的朋友裡，有兩位最會活用「微笑」與「大笑」的正性功能，而且對這方面的功力相當深厚。最湊巧的是，他們都在商場得意，竟使我常常尋思，他們的成就是「笑」出來的「果」報吧！

目前，這兩位好友都住在東京，一位是吳姓老留學生，不知他那時候練有「笑」的工夫，其實，他也是蠻厲害的人，例如我每次見他跟對方爭執事情，激烈到快要破臉的程度時，忽然語氣一轉，隨後哈哈大笑，頓使對方臉色也開朗了。事情不但圓滿解決，而且略佔上風，這不是把「笑」當做破鏡重圓的法寶嗎？因為我見過他類似的場面和次數，實在太多，才對「笑」的價值有正面的評估。

另一位是日本籍的山田先生，他在東大旁邊經營一家佛書店。雖然，我不曾詳細問過他，到底是不是也信佛教？還是純粹的書商？但見他不論在店裡跟客人談話，或電話中商洽業務，都不時發出開懷的笑聲。讓我聽了也不自覺心裡起了震憾和共鳴，好像自己的愁悶也被消除了。所以，我好喜歡上他的店裡，也好喜歡看見他，或聽見他的開朗笑聲，難道「笑」不會給他帶來生意嗎？我不信不會。

大德們開示，行住坐臥，都能修行佛法，那麼，一言一行，一舉一動又何嘗不能呢？信受奉行「和顏施」，不必花錢又得果報，何樂不為呢？阿彌陀佛，好自為之。

伏魔的秘談

沒有正確佛法理念，也沒有看過多少佛書以前，的確，我對「魔」的了解很幼稚，以為魔跟鬼連著，或指妖魔鬼怪，彷佛『西遊記』上張牙舞爪，面目猙獰的魑魅。初次看佛陀傳，提到悉達多太子出家苦行六年後，仍然沒有得悟，反而瘦弱得奄奄一息。他坐在菩提樹下瞑想，知道苦行不通悟境，照理說，心情會很沮喪，若是一般凡夫，也是意志力最薄弱，最缺乏抵抗力，立場最容易改變的關鍵，更是修行人最危險的時候，只要碰到幾句甜言蜜語，馬上會打退堂鼓。果然，此時此刻，波旬這個魔現身了。

佛經上說，波旬走向悉達多太子，千方百計恐嚇和侵擾他。當年，我看到此，一面替太子捏把冷汗，一面懷疑書上沒有詳述波旬長得什麼形狀，大小和恐怖樣子呢？總以為她像神話小說的妖怪。說來好笑，這個疑惑一直放在心裡好幾年。

之後，我才知道波旬原來是一種障礙，一種破壞，一種擾亂。誠如『婆沙論』指出：「斷慧命，故名魔。」又說：「常行放逸害自身故名魔。」『大智度論』也說：「奪慧命，壞道法功德善本，是故名為魔。」很明顯地，它是會擾亂人的身心，障礙善法，破壞善事的東西，而不是齊天大聖手下的殘兵敗將。

佛陀傳上說，當波旬率領眷屬來圍攻釋尊時，語氣咄咄逼人：

「你已經骨瘦如柴，臉色很難看了。這樣下去，非死不可。何必這樣認真呢？還是設法活下去最要緊。因為留得老命在，什麼善事都能做。活下去吧，應該遵守婆羅門的道德啊，不論你怎樣用功，也是不成的。」

實話實說，果然厲害，凡夫們聽了還能反擊嗎？緊要關頭拿捏不住，不說前功盡棄，白白吃苦六年，後果更不堪設想了。凡聖的分際，在此一戰。釋尊千百劫修來善根福德，非比尋常，『法華經』上說：「佛以一大事因緣出世」。分秒必爭時，他果然大智大勇，臨危不亂。兵法上說：軍來將擋，水來土掩。只聽太子冷靜地答道：

「你那套常識上的道德，對我完全沒用，你最好去對普通人講吧。我有信仰，努力與智慧。我不惜生命，你何必耽心我的生命。血液枯乾，難道膽汁和痰也會枯乾嗎？即使沒有肉了，心會愈來愈清淨。誰不知道你的第一軍是欲望，第二軍是憂愁，第三軍是飢餓，第四軍是愛著，第五軍是睡眠，第六軍是恐怖，第七軍是疑惑，第八軍是偽善，第九軍是利養，第十軍是自高。別人怕你，我卻不怕。與其戰敗偷生，我寧願奮戰而死。誰都打不過你，我能以睿智粉碎你。」

波旬一聽，只好頹喪地說：「我跟蹤你七年，始終無隙可擊。」話一說完，突然失蹤了。

我每回看到這段，忍不住讚嘆太子的修行意志，實在不同凡響。他戰勝惡魔的秘訣，可從下面那首偈語看出來：

「我今若不證，無上大菩提，

寧可碎是身，絕不起此座。」

別說修行人會遇到十大魔軍，凡夫在日常生活上也不例外。學佛路上步步驚魂，一不小心，容易陷入魔軍的掌握，最後一事無成。近日，我讀了花蓮證嚴法師，以凱旋人的姿態，滔滔地敍述自己戰勝魔軍的經歷，讓我非常感動。從她的寶貴體驗裡，獲悉降魔的方法，是六波羅蜜——布施、持戒、忍辱、精進、禪定和智慧。因為菩薩修持這六法——究竟利他的大行，才能到彼岸。所以，也叫做六度，最重要一點是縱使知道方法，而不落實修行，最後，照樣擊不敗魔軍，到不了彼岸。

還有更討厭的是，那「十魔」無所不在，時刻都在伺機攻擊我們，如果不靠這六度，誓必無法轉移「十魔」為「十利」，成就無上的功德。現代佛門裡，當然不止證嚴法師一位活菩薩。曾經扭轉十魔為十利的大德，也不在少數，恕我不能一一列舉。有人縱使沒有學過佛，也曾靠非凡的毅力，打敗過若干支魔軍。歷史上，例如孫中山先生不畏清廷逮捕和收賄，無疑打敗第二和第六魔軍；武訓刻苦興學，等於徹底摧毀第一和第九魔軍；前任俄國總理戈巴契夫，明知實行民主對本人無利，也毅然擊潰第六軍和第七魔軍……這些都不愧為打敗魔軍的大將。但總的來說，只有學佛才能獲得智慧，才會領悟十種伏魔的方法，而不會被逆境所轉，反能扭轉困境，而得到最圓滿與究竟的證覺。

反過來看，魔軍手下的敗將，比比皆是，不是被欲軍或憂愁打敗，就是被自高和疑惑軍擊碎，難怪菩薩們習慣以人間做道場，才能落實六度的修行。例如，我的鄰居李君三年前，隻身從中國大陸出來，身邊僅有一百美金不到，但他頗有志氣，一面刻苦作兩個工作，想多存錢，早日接妻兒出來團聚，一面生活節省，幾乎什麼娛樂都沒有，除了吃睡等起碼開銷，看他什麼地方也沒去，買輛豐田老爺車代步，平時沒有例假日。兩年後，他的生活方式改變了，換輛本田新車，一個月至少去賭城狂遊一夜，跟剛來時判若兩人。我奇怪地問他，為什麼會洋化呢？只聽他笑著答說：「人生很短，何必跟自己過不去？」我一聽，心一沈，暗忖：「這不是及時行樂，今朝有酒今朝醉的人生觀？」原來，他被第一、第五和第七等三支魔軍圍攻後投降了。

事實上，豈止李君一人被打敗，國內每天大小案件的男女主角，或貪婪島上許多人，還不是十大魔軍手下的降兵敗將。俗語說：「道高一尺，魔高一丈。」或說「道長魔消」，前者是正派，後者是邪派，兩者絕對不兩立。依佛教來說，必須守戒，才能步入正道，釋尊曾說：

「凡是能夠守戒，生活規律，藉正智得到解脫，連魔王也不敢靠近。」接著，他又解釋

：「智者天天反省觀察，發現沒有缺陷，兼備智慧與戒律，則彷彿賈普河底的眞金，誰也搗不毀它，連諸神都會稱讚，也被比擬為梵天。」

守五戒，行六度，正是智慧來源的初步，也是打擊百萬魔王的常勝軍，學佛的人豈可不重視嗎？證嚴法師說：

「青山原不動，白雲任去來。」

因為她具備智慧，才有情無怨。怕什麼初軍、二軍、十軍，她不被魔困，反而降魔。記得廣欽老和尚也說：

「在家人看不懂，以為我們苦。如果道心不堅固，等於活在陽地獄，感到什麼都不好、不自在、有煩惱。有些比較堅固，以前種子還在……外境影響也大，只要肯修行，智慧開，什麼魔也不怕。」

他這番肺腑的話，正是伏魔的秘訣。

培養無常觀

記得我初訪菩提寺時，一進入大殿，猛見左側牆上貼有許多照片；我好奇地走前一看，有嬰孩、有幼童、有壯年、和老年，包括男女老幼；眼睛再往下瞧時，照片下的桌上放有焚香爐，旁邊的蠟燭還點著火。這時，我才明白這個殘酷的現狀，原是死者的遺族，把他們的照片寄托在此，恭請菩薩慈悲，接引他們去極樂世界。剎那間，我才悽惻地意識到人生無常，多麼悲哀無奈。

學佛以後，我除了更深刻領悟人生無常，也會警覺萬物不能例外。偏偏世人視若無睹，不肯受持，糊裡糊塗執著俗事，一旦無常來到，整個人好像變了樣，喜怒失常了。心理上來不及調度，以至不能應付自如。凡事自己缺乏準備，不能如願，或離了譜，才會慌張失措。說來說去，就是沒有無常觀念，不知萬事會變化莫測。倘若學佛後仍然如此，那是他沒有徹底奉行「無常觀」。

例如，一位李太太住在阿肯地亞市，四年前花四十萬美金買一棟房子。目的在投資，不做住宅。她們運氣好，一買到手，房價開始狂飆，不到兩週，有人出價四十三萬，她眼看市場景氣大好，捨不得脫手；再隔十天，又有人出價四十七萬，她也不賣。只見她每天春風得意，私下透露：「我每天每個時辰，不做事也有錢賺，晚上睡覺一醒來，就歡喜今天又可漲多少錢?」事實的確如此，房地產市場莫名奇妙地給台灣人炒熱了，賣主幾乎全是美國人，他們有時售價是卅萬元，而身懷巨款的台灣人，卻自願增高到三十一萬，或更高的價格，而且爭著要買，真把美國人楞住了，怎麼這樣多神經病的台灣人?當然，李太太每天有錢賺了。她以為好景無限，就向銀行貸款又買一棟，接著也有人出高價，害她樂不可支，一直不肯賣……。誰知一年後，房價逐漸平靜，接著下坡、又再下坡，有些朋友眼見情勢不妙，規勸李太太趕緊脫手。否則，後果不堪設想。無奈，李太太沈迷昔日的熱絡價格，眼見如今沒錢賺，甚至在虧本邊緣，她當然不肯脫手。

有一天，我勸她：「妳貸款買的那棟要快出售，看樣子景氣不會再好。將來無人來買，每月利息和貸款會壓死妳。」可是，她怎麼也聽不進去，但見房價愈來愈低了。我見她天天哭喪著臉，吃睡不安，有些悔不當初起來。

我調侃她先扮演喜劇角色，現在變成苦旦，彷彿在演戲。她不信受無常，才會由喜轉悲，執著變化為永恆，一切來自「貪」字，想要賺多又要多，可以賺五萬不夠，還想賺七萬，有了七萬可賺，又想賺十萬，一點兒也不警覺市場的無常，才有吃不完的苦頭，現在又能怪誰呢?別說商場如此，生命這樣;還有權勢、名譽和地位也一樣，舉目可見或不可見的事物，也全都受制於無常。如『法句經』上說：

「行所非常，謂興衰法，夫生輒死，此滅為槃。」

七十年代，我有一位好友正在設法搬去東京，一位日本人好奇地問他，日本人口多，各行各業競爭劇烈，你何必來跟我們擠呢？那位朋友說，恐怕台灣局勢不穩定，還是先走為妙。日本人笑他杞人憂天，未來的時局變化只有天知道。

因為那年美國尼克森總統，親訪中國大陸，跟毛澤東兩人握手言歡，暢談天下事，好像全世界可任由他們主宰，竟使台灣的人心惶恐。這也難怪，一位是全球最大國家（人口）的皇帝，另一位是世界最強國家的總統，兩強相聚，自視為上帝一般。誰知世事難料，尼克森返美不久，發生「水門事件」，連自己的總統職位都保持不到期滿。同樣地，毛澤東不久也死了，當年一切計劃也泡湯了，可見強人也難逃無常的力量。佛經上說：「一切要壞，人命亦然。」一點也不錯。

佛經裡有許多故事，說明無常世間，不是久居之地，甚至指出天上的帝釋，也不能永遠享福樂，業報滿了也要接受輪迴，只有涅槃才是永遠幸福。所以，佛陀常用無常對治人的貪慾，勸人要布施積德，才是最可靠。

中國成語裡，常說「一勞永逸」，我想，世上有那些事能夠這樣呢？還不是緣起緣滅，聚散無常。有些情侶發誓：「天長地久、海枯石爛」來表明自己的愛情，我想，這恐怕不保險吧。凡事因緣和合，緣盡各散。『法句譬喻經』無常品有一則說話，值得警惕。那是佛陀在舍衛國的說法。一位老梵志有一位聰明漂亮的愛女，病重去世時，又見田裡的熟麥被野火燒光，害得他幾乎要發瘋了。佛陀向他開示：

「世間有四事不能常久不滅，一是有常就必有無常，二是有富貴就必有貧賤，三是有聚會就必有別離，四是有強健就必有弱亡。」接著，佛陀又作偈語說：

「常者皆盡，高者必墮，合會有離，生者有死。」

這時，梵志聽了才開心解意，悟得世間的「無常」本性，而證得阿羅漢果了。

近來，我常聽許多人用風水輪流轉，來形容美國經濟。事實的確如此，現在的美國政府要靠借債度日，成爲世界上最窮困的政府了。四十年代開始，美國為全球首富，全球半數的資金都掌握在美國人手上，誰知威風不再，不是無常的事實嗎？所以，一個人暫時成就，不能一輩子得意；失敗一次，也無須一直灰心，誰知最後會怎樣？時局亦然，二十年前，誰會想到今天蘇聯會分崩離析，自己整跨自己呢？

去年返國前，我特地擬好一份親友名單，再怎麼忙也想去拜訪。不料，回到台灣，始知兩友的年紀不過五十出頭，以現代人的健康標準來說，充其量是壯年稍多一些，還不到老邁，但都在三、四年前早逝了。我除了痛失英才，也不禁唏噓「無常」的無奈。

我在東京居住時，發現那裡的四季變化非常分明。從那種氣候裡，容易使人孕育一種無常觀。尤其，春季有絢爛漫開的櫻花，卻不讓人永遠能夠觀賞。時間一過，立刻消失，難怪日本人對櫻花的無常，會懷抱大喜大悲、蒼涼悲壯的感情。

諸行無常是佛教很突出的教義之一，釋尊自幼失母，思母的心情，讓他童年鬱鬱寡歡，才對無常有特別深刻的體驗。印度的天候比較沒有明顯的四季，人生無常照樣令他刻骨銘心。我讀『阿育王傳』一段話，更警醒人生無常的寫照。那是一位宰相給臨終的國王打氣說：

「三界無常的遷流，雖說一剎那，也不會止於某一處。年輕人不久也會衰老、死滅。一座赫赫高山，也有磨滅的時期；再有學識的人，也難免死亡。世間萬物皆不例外，承受五陰的身體，終究難逃無常來臨。因此，佛才會常講空苦的道理。大王啊，您只要領悟它，什麽煩惱也沒有了。」

智者之言，當如是也，佛教的無常觀，何嘗不是這樣？

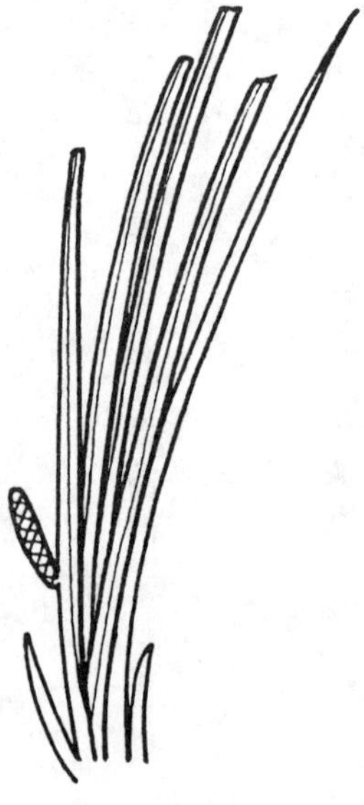

學佛路上兩殺手

沒有學佛以前，我已從報章上看過「廣欽老和尚」的名字，但知之不詳，直到以後，從佛教徒的口裡，才知他是一位得道高僧。至於專修那一法門、道場在那兒，年紀有多大，以及在佛教界的公認地位如何？我全不知曉。那時，我也已經來了美國，無緣去拜訪、聽他開示。近日華盛頓州一家佛學社，寄來一批結緣書，其中一本是老和尚的開示錄，我才即刻快讀一遍。其中有一段記述：

「午後二時左右，忽然告訴徒衆說：『無來也無去，沒有事。』並向徒衆頷首微笑，閉目安坐。少頃，徒衆見師父不動，趨前細察，始知師父在念佛聲中圓寂了。」

我忍不住讚嘆，不愧爲現代念佛往生的示現範楷。他見人開口閉口念佛，自己劍及履及，竟也成為最好的示範。

這本厚僅八十頁的開示錄，文句談不上優美，無如，字字似珠玉，句句見性格。上述一段是，我最欣賞的教誡。像他那樣老修行，早已是佛教界公認的得道高僧，念佛修行到沒有飯吃，光吃果物也熬得下去的功力，還會那樣謙沖，沒有半點兒增上慢，令人敬佩極了。

書中提到一位金博士問他：「佛書裡說『念佛三昧』，到底有沒有這回事？你得過這種境界嗎？」

老和尚答道：「我憑記憶回答你，五十幾年前，有一次情況，我認為是念佛三昧，你以為怎樣我不曉得。」

接著，他說在福州鼓山時，有一次隨衆在大殿裡行香念佛，大家隨著木魚唱「南無阿彌陀佛……」他的手結定印，邊走邊念，突然目睹「南無阿彌陀佛……」的佛號，先在大殿的地面盤繞，之後冉冉回旋上升。當時，他不覺得自己置身在寺廟建築和任何事物裡，只覺四面有源源不斷的念佛聲，由下而上在繞轉，盡虛空、遍法界，全是彌陀的聖號。最後，維納的引磬一敲，功課圓滿，各自回房去。但是，「南無阿彌陀佛」仍然在行住坐臥中，四周完全融於佛號聲中，鳥語花香，如此三個月之久。「我說來給你做參考，我覺得是個念佛三昧，你認為是不是，那是你的事情了。」老和尚最後這樣強調。

我的學佛資歷很淺，也經常在念佛，看見他這段敍述，有說不出的敬服，誰知他還是那麼自謙。聽說他圓寂時，顯然預知時至了，才會口吐：「無來亦無去，沒有事」，頃刻間瀟灑脫脫地離去。

另一段是，某位修行者從國外特地來訪，問他：「我修行『××三昧』好幾十年，現在來台灣覓地修行，請您開示。」

只聽老和尚答說：「您修『××三昧』幾十年，應該由你給我開示，我沒修過什麼三昧忌。

這又是一句自謙話，但不知那位邪慢訪客會不會慚愧呢？他開口閉口自修幾十年「××三昧」，好像蠻有道行，隱隱約約想在大德面前賣弄，也不無增上慢心態，這正是學佛的大忌。

從以上兩項例子裡，可知學佛不要執著什麼境界？也不要熱衷那項奇蹟？或羨慕什麼神通。從廣欽老和尚的答話裡，只有老老實實念佛，竟不知念佛三昧是什麼。俗語說水到渠成，功力到達自然圓滿，何必在乎和執著自己的成就，有所為而為，念念不忘開悟呢？

增上慢與邪慢是學佛的兩大障礙，最容易阻礙精進，因爲喜歡在別人面前吹毛求疵。「阿育王經」提到一位善見比丘，雖然悟得天界的四禪定，也兼有五種神通。不料，他卻沾沾自喜，向別人誇耀，有本事讓天下大雨，幸好遇到哆婆哆寺一位聖者——優波笈多出來點醒他，才煞了他的傲氣。最後，他才能證得真正的羅漢果。

『法句譬喻經第一』提到一位和尚，自誇天下無雙，見多識廣，傲慢到了目中無人的地步。因為他白天也拿著火把，逢人便說：

「世人全是愚痴，枉有一雙眼睛，卻看不見東西，我只好拿火把來指引他們。」

幸好，釋尊憐惜他的善根，不忍心見他的智力受阻礙，心思被困塞，佛法無邊，要修行的路還遠得很，才出來用「四明法」點醒他。最後，更用一首極貼切與嚴肅的詩偈警惕他：

「略有見聞和知識，就擅自向人炫耀。

無異是點火的瞎子，只會照亮外界，內心卻很黑暗。

你是世上的最大愚痴，手持火把想照亮一個大國，其實只能比做一個塵埃。」

佛教裡，把慢心分成許多類，『俱舍論卷十九』列出七慢，其中，增上慢與邪慢跟學佛關係最密切，無異學佛路上的最大殺手，而且，也是最難察，最易碰到的敵人。例如阿布拉市的華人圈裡，有一位頗有名氣的周大師，自稱來自上海，學佛許多年，的確也曾在朋友面前，引經據典，高談佛道。他說：「一看到對方的面相與氣色，幾乎能夠知曉他前輩子的事，就憑著這個吹噓，很快招來一群好奇者，絡繹不絕，央求他指點迷津。」那麼，他是不是真正學佛，或者能看過去和未來，卻無人敢肯定。不過，最諷刺的是，聽說他在一次風雨的黃昏，橫過馬路時，不幸車禍死了。倘若真有本事，何以連一點預防無常的能耐都沒有？何況是自身的性命？

我在美國或台灣，不時聽說學佛有神通、奇蹟、算命、卜卦或風水，難免江湖術士故意作秀，旨在招攬生意。否則，也犯了學佛最忌諱的「兩慢」。例如一位正在美國某大學攻讀佛學博士的薛姓朋友，對天台宗很有研究，自稱已經證得四果羅漢，故作悠然，有時指責大乘佛教那裡不是，這個不行。我心想，他是否有增上慢與疑慢而不自覺呢？我常常替他惋惜不已。

心裡有鬼嗎？

H君在台灣讀完心理學，又來美國深造，拿到社會工作碩士學位，目前在教會生命線中心發揮所長，協助許多情緒苦悶，急欲待救的煩惱人。他有意無意問過不少人，到底怎樣才覺得最快樂呢？他很想知道人生夢寐以求的快樂是什麼？又究竟藏在那裡？很希望明白它的實質和蹤跡，之後，再慷慨贈給那些打電話，或親自上門求救的煩惱人。

這一則是自己的飯碗，他想盡量做得完善，對自己有一種期許，二則想找到「快樂」後，對自己也有莫大的益處。老實說，他自己也迫切需要快樂；因為那是人生的目的，包括吃飯睡覺，不也是要快樂嗎？別小看這個單純的問題，連小學生作文也能寫出來，但長大後要真正尋找它時，恐怕不是那麼簡單了。

這是H君的肺腑之言。那麼，快樂是什麼呢？

他問過一名中學生，對方回答：「金榜題名，就是快樂。」

他問過鄉下農夫，對方坦率答說：「穀物豐收，心裡最快樂。」

他問過波斯灣戰爭回來的士兵，他笑著說：「和平不打仗最快樂。」

他問過一位婚後不久的同事，她甜甜地答道：「快樂就是愛情呀，這還用問嗎？」反而被她平白奚落一頓了。

他問過一位大病初癒的同鄉，他冷冷地答道：「傻瓜，健康即是快樂，連這個也不懂。」不料，又被他嘲笑一番。

不久，他又問過一位剛來的鄰居，什麽最快樂呢？他還不知對方什麽職業？年紀有多大，貧富如何？但要他直接回答即可。對方果然毫不思索，慢條斯理地答道：「心無掛礙最快樂。」

事到如今，那位H君思索頗久，才依據自己理智與經驗，撇開宗教的信仰不談，也覺得最後的答案——心無掛礙，才是最圓滿的快樂。

佛友們都知道內心無憂無慮，凡事看得開，不執著，彷佛天蹋下來也不在乎的心境，的確愉快極了。其實，學佛修行也為這個；反過來說，心裡有鬼，耽心這個、憂愁那個，連半個月也會像一年那樣久，有時急如鍋上螞蟻等情狀，可想而知是什麽滋味了。所以，人的心裡自在跟學佛旨趣是不謀而合。若要說得更深遠，更佛教化，那麽，求解脫、入涅槃，才是究竟的快樂，永恆的幸福。

『百喻經』有一段故事——大家都說那間屋子鬧鬼，害得人心惶惶，誰也不敢住。有一天，一個漢子自告奮勇不怕鬼，就走進去住了。半晌，又有一人更有勇氣，聽說裡面有惡鬼，他也不在乎要進去過夜。當他推門要進屋時，先進去那個漢子以為惡鬼進來，趕緊用力把門堵住，不讓鬼進屋子。後來的漢子也覺得裡面有惡鬼堵門，反而更賣力推門。結果，兩人一推一堵，搏鬥到天亮。雙方精疲力盡，開門一看，始知對方不是鬼，反而是自己的心裡在鬧鬼……。

俗語說杞人憂天，原因也出在自己身上。若非心裡有鬼，怎會怕天蹋下來？那麼，世人心裡的惡鬼是什麼？就是『雜寶藏經』所說的「十大魔軍」。如能除掉牠們，不就是「青山原不動，白雲任去來」嗎？

據我知道，花蓮的證嚴法師是最不怕鬼的當代大德之一，原因是：她能把國人心目中所謂七月是鬼月，看做最有意義的吉祥月、歡喜月和報恩月。她不僅不拘泥習俗，反能化迷惑為智慧，這樣，她自然能夠灑脫自在，心裡坦蕩，也不會疑神暗鬼了。

當然，人生未必事事都能夠如意，有時，結果會與願望相違，但也不是要聽天由命。日本的虛堂禪師在元旦上堂時，曾向僧衆喝道：「年年是好年，日日是好日。」只要無所拘束，實事求是，也能過著心無雜念的日子。

在我模糊的記憶裡，有一次週會上，中學時代的校長評論五祖門下，神秀與慧能那兩首膾炙人口的詩偈——神秀說：

「身是菩提樹，心如明鏡台，時時勤拂拭，莫使惹塵埃。」

慧能卻說出相反的觀點：

「菩提本無樹，明鏡亦非台，本來無一物，何處惹塵埃。」

那時，我完全分辨不出誰對誰非，也不知何人比較高明？可說對校長的評述毫無概念。事隔三十多年，我也不時在各種雜誌裡讀到這兩首偈，照樣不懂他們的造詣高低，更不懂偈語對人生的意義？直到學佛以後，尤其讀過『六祖壇經』，始知慧能大師技高一籌，層次比先入佛門的神秀要強些。

之後，我也領會人生的苦悶，許多是自己找的，誠如做繭自縛，自作自受。若有自知之明，懂得仔細觀照，之後再掙脫束縛，不就能解脫自在，快樂一輩子嗎？

我住在大洛杉磯市，起碼也能聚集十位以上的大學同窗，我們不遠千里在此重逢，每年舉行一次同學會，慶賀機會難得。奇怪的是，一位薛姓同學始終不肯參與，經我再三詢問，始知他當年對不起過一位女同學。事隔多年，仍然有愧於心，所以，他害怕見到她。雖然，他心裡有鬼，但也得設法排除啊，怎能讓它在心裡盤據一輩子？這樣下去還能有無礙的日子嗎？解鈴仍需繫鈴人，不能逃避現實，應該當面懺悔和解釋才對。

洛城每逢中國人的年節，都會舉辦客家同鄉會，其中一位同鄉，因為當年避債來此，至今債務尚未解決，所以，他膽怯見到同鄉會的熟人，心裡動盪不得，一想到那些事，他當然不能灑脫，不能無礙了。

世人心裡的惡鬼，的確不容易驅遂，需要相當的智慧、耐心與勇氣。有一位梁太太近年投資土地買賣不太順利，幸好她的資金雄厚，每天溫飽的基本開銷，還支撐得下去。無如，她一想到台灣的親友們，都買土地賺了大錢，自己怎麼也趕不上，加以美金天天貶值，使她心裡實在不能平衡。在她長吁短嘆裡，心情開朗不起來。我很努力勸導她，不必生活在比較的狀態裏，如果每天數鈔票，而不知人生需要多方面追求，將是多麼愚笨。金融市場的事，牽涉許多變數，誰也掌握不住，苦惱又有何用？凡事要比較時，就永遠比不完了。俗話說，人比人氣死人，何必要鑽牛角尖呢？

乍聽下，這些都是老生常談，殊不知這才要靠勇氣來落實，要靠耐心來消化，更要用智慧來透視。否則，日子很難無礙，也很難輕鬆下來。

印順導師說：「世人生活在環境裡，被自然、社會、身心所拘縛、所障礙，什麼都不得自由，不自由當然充滿了缺陷與憂苦，悔恨與懊惱。學佛是要從這些拘縛障礙中逃脫過來，獲得無拘無束的大自在。」

那麼，大自在就是心裡無鬼，海闊天空，不是最快樂嗎？

眼前是淨土嗎？

一位邱教授從西歐旅行回來，以專業眼光暢談自己的感觸。他說，那裡有完美的社會福利設備，全民醫葯保險，失業與退休金等制度，人民的衣食住行都有政府伸出援手。另外，環境保護，文化保全也是舉世無雙，資本主義與社會福利主義共存共榮，絲毫沒有「敵我矛盾」的排斥現象。同時，個人主義横行，人權主義霸道，「法與社會」並不會因而受到傷害，形成「無法無天」的社會，人民守法，社會道德非常高。好像維也納、慕尼黑、阿姆斯特丹等地，坐地下鐵、火車、公車，都採榮譽制度；進出門，買不買票，都沒人管，連象徵性的自動門，或自動驗票機都沒有……我聽到這裡，不禁暗忖：「這不是佛經上的西方淨土嗎？難道人間的淨土，真會落實在西歐嗎？」

我讚嘆之餘，也想起星雲大師常說，以現代人的科技，必能把人間建設成極樂世界，而不必待死後才去西方。他的話頗有見地，現代西歐雖非『阿彌陀經』上那個極樂世界，但也距離它相當近了。依照那位邱教授感性的表示，遊跡世界以後，的確以西歐離那片優美的淨土最近。他又理性地分析，那裡得力於民主政治，和法治主義的有效落實，才會有人道。個人福利和社會道德等同時存在，才會到處一片繁榮。話雖如此，但不論什麼主義或制度也都是人想出來的，他們能，我們當然也能，問題是，除了主義與制度以外，恐怕還有個人因素才對。

我們的社會人才齊集，從總統到各部會首長，都是從先進國家留學回來，也都把最好的制度法律搬回國內了。何況，以中國人的聰明，難道還有學不到，和學不會的嗎？可惜，眼前的樣子如李總統所說：「大家都有錢，戴錶要戴勞力士，開車要開賓士，喝酒要喝XO，連買畫也要買貴的，可是，腦子和家裡都亂七八糟，文化素養在那裡呢？」不要說總統的感嘆如此，連貧窮和落後多年，正要起步的大陸地區，普遍對台胞有一句描述：「上車睡覺，下車尿尿，進店買葯，購物吵鬧。」依他們看來，台胞不過是財大氣粗的暴發戶，毫無文化及內涵可言，可見我們惡劣的形象，深植大陸人心。更難聽的是，東歐剛解體時，老百姓生活貧困，連波蘭一位家庭主婦也不屑地說：「台灣只是貪婪的地方，有什麼好羨慕？」

貪求是很可怕的，一旦國人迷惑，要掙脫絆羈很困難，縱使從先進國家搬回再好的法律制度，照樣不會落實。在『大方等大集經』裡，釋尊曾向五比丘之一——憍陳如警告，人不僅有慾愛，色愛和無色愛；還有有愛，離有愛與法愛。這些會使人捨棄十善，而製造十種惡業，待你造了十惡，縱使生活在惡果的苦惱世間，也沒有慚愧心，更無心去行善了，但願國人不要墮落到這種地步。

學佛的人都熟悉：「放下屠刀，立地成佛」，「昨日種種，譬如昨日死，今日種種，譬如今日生。」只要抱著萬丈高樓低處起的決心，不難把外人心目中的貪婪，色情和垃圾之島，轉化成美麗的寶島。既然大家有緣生活在這裡，就要熱愛這片土地，別處再好也是別人的，跟自己也無緣。『六祖壇經』上說：

『此事須從自性中起，於一切時，念念自淨其心，自修其行，見自己法身，見自心佛，自度自戒，始得不假到此。既從遠來，一會於此，皆共有緣。』

佛魔一心，明白正邪的區分，才不難由魔變佛，從識轉智。佛教有許多智慧開導國人，能夠順利脫離污濁。例如，最迫切的有以下幾種：

第一是感恩心，台灣好不容易脫離昔日的貧困與落後，那不是突然的結果，而是歷經三十多年，有過無數前輩們犧牲和打拼出來的。沒有前人種樹，後人那有樹蔭可以乘涼呢？工商業進步，來自許多農人和工人的心血。佛教最重視感恩，在『毗奈耶破僧事』裡，釋尊強調禽獸都會感激圖報；相反地，在『雜寶藏經卷』裡，對於恩將仇報的人，釋尊指出惡果難逃。所以，國人要感激前輩們奠定的基礎，今天的「台灣經驗」——這是累積出來的。

第二是知足心，俗語說知足最樂，可觀的台灣經驗，正是經濟繁榮的果實，不論吃的、穿的、住的、行的和娛樂，不知比三十年前強過多少倍？人人豐衣足食，當之無愧。如果貪求不止，足以燒毀功德林，所有福田和善根，也都會蕩然無存。世事多變，難逃無常，我們不可能永遠擁有豐盈的果實。所以，國人要能惜福、知福，才能再造福，這就是佛教的智慧了。

第三是精進心，人類不僅追求衣食住行，也還有更重要的文化素養。這不是去欣賞音樂會，或看畫展就可得到，最主要的是每個人對生活的態度，以及對事物的關心，而非靠物質條件來衡量。有人說蘇聯解體後，老百姓對傳統建築仍然珍惜和關切，顯示老百姓的文化素養，在日常的生活習性裡生根了。從中美智慧財產權的談判裡，顯示國人在新科技、新發明、新觀念、新思想方面成果最差，什麼都要抄襲模倣。部份縣市每人每年的文化預算，僅有台幣二十餘元，國人不能只愛著物質領域，文化領域的擴充要加倍努力。例如空氣汚染，生態保護、交通問題等都要用新知識去解決，須知決定先進國的標準之一，就是文化因素。

巴利藏長部第二十六經指出，貧窮是一切非義與罪行的淵源，諸如偷盜、妄語、暴行、憎恚、殘酷等，皆由此而產生。因此，我們有了穩固的經濟基礎，無異奠定極樂淨土的起碼條件，但要依據佛教的智慧，奉行慈惠，不要貪著初級慾望，而忘了淨土的大工程。

有一年，釋尊在祇園精舍向一千二百五十位弟子解說極樂世界，提到那裡有許多好處和歡樂，但要發起大願，藉著阿彌陀佛的慈悲，才能往生到那裡。現代人要建設人間淨土——眼前的極樂社會，除了發願心，還要靠不斷的精進心、融合心和感恩心。那不是遠不可及的地方，西歐社會即是一張簡略藍圖，自己的國家有待國人的智慧和信心去完成。

從「梵天之請」說起

從小學時代起，我們習慣在簿子上做算術，之後，再跟老師校對正確答案，此時，老師會問：「算對的人舉手。」大家會好奇地環視教室一周，到底有多少人算對？如果碰到特別難題，或老師故意從課外找來的題目，答對的同學當然絕無僅有，有時只有一兩個……回憶此時此刻，始知真理的發現，不能靠舉手表決，不能像民主時代，常常依靠人頭來決定真理。由於問題性質不同，有些真理的領悟或發掘者，也許只有一個人，或極少數人。在這種情形下，領悟真理的人是很孤獨的，只有孤芳自賞，而那種樂趣別人分享不到，但是，他也會樂意公佈自己的發覺真象，一則表示自己的看法，二則歡喜大家來分享。

我讀師範二年級時，從圖書室借一本『伽利略傳』，當我讀到他因為發表地動說，觸怒了羅馬教廷，教廷威脅他收回或否認自己的發現，否則要懲罰他。誰知他有護衛真理的勇氣，依然強硬地說：「即使我坐牢，地球還是繞著太陽轉動……。」又一次證明舉世皆醉我獨醒下，真理的發現者是何等孤立無援，蒼涼又無奈。可是，世上偏偏有高低和智愚不平的現象，天才和白痴混雜一起，難怪學佛要把人間當道場了。從孫文學說裡，也知道孫先生最初簡直只有他一個人在革命，之後，才慢慢有些同志……，真正看出滿清統治下的中國屬於次殖民地，百姓生活在水深火熱中，具有這種獨到眼光的智慧型人物，實在微乎其微。同樣地，始作俑者，常常只有少數人而已。不過，這個智慧者或少數人，卻能推動歷史，影響衆生，成就不朽的事業。尤其，一種新發現會涉及人群利益，影響到各個層面時，真理的發現者一定要有極大勇氣與魄力，忍受許多折磨，抵抗層層舊勢力和既得利益者，才能脫穎而出。同時，我們發現這種人除了勇氣以外，常常有豐富的慈悲心，不會藏私。只要因緣成熟，他照樣抱有獨樂樂，不如與衆人樂的想法，所以，當我讀完五本佛陀傳，發現每本都有一段「梵天之請」，之後釋尊才願意把自己領悟的法樂，公諸於世，而不會永遠獨樂下去。我想，梵天出現不過是助緣罷了，絕不是完全靠梵天的央求，釋尊才肯出來度衆生。

人人皆有惻隱心，釋尊也不例外，不如說，釋尊的惻隱或慈悲心，更是非比尋常。例如當他做悉答多太子時，有一次，目睹一隻小鳥啄走農夫犁田出來的小蟲，忍不住喃喃自語：「可憐哩，生物怎麼要互相殘殺呢？」於是，他獨自到樹下沉思了。

之後，在他幼小的心版上，刻下人生苦惱的傷痕了。佛陀傳上說，他後來有過四次出城遊玩，途中遇見老人，病人和死人，都引起他的憂傷。其實，老、病、死的事實屢見不鮮，一般人那會用心去想呢？大家都是視若無睹，搖頭嘆氣，只有悉答多太子會有不同凡響的惻隱心。

說真的，太子出家的動機，不是純粹尋求個人解脫，為自己找尋最究竟的解答。因爲他的。

想找到方法後，再來拯救天下蒼生。在大乘佛教時代，佛教徒強調「衆生無邊誓願度」，表示菩薩的目的，要徹底自利和利他，才算圓滿覺悟。這樣才算踏出小乘的境界，其實，成佛度衆始終是釋尊同體大悲最得體的詮釋，這一點可從釋尊一輩子馬不停蹄的弘法經歷來證明

每本佛陀傳裏，都記載釋尊開悟後，有過短時間——有些書上說四十九天——的尋思：「我覺悟的真理甚深微妙，難見難悟，若非在無量劫中供養佛，是不能得聞，及至信解的，如今的衆生都迷惘顛倒，貪著五慾，很難教化，不如默然而住，免得徒自劬勞。」

主管世界的大梵天王知道釋尊的意思，才勸釋尊說：「善哉世尊，祈請慈悲為衆生而轉法輪。今有衆生煩惱微薄，堪能悟入甚深之法，惟願世尊轉於法輪。」接著，又央求釋尊：「摩竭陀這裡以前唯有罪行，今幸遇世尊在此成道，但願世尊慈悲，不捨本願，為衆生轉法輪。」

從「奧義書」的思想裡，知道梵天是一種宇宙與根本原理的神格化。它即是正統婆羅門的最高神。有些佛陀傳指出，梵天承認釋尊以後要做世人的精神領袖。自己願意讓位，才央求釋尊向衆生說法，但是，也有作者「很人性」地批判釋尊成佛前的個性很孤獨，喜歡單獨行動。甚至說釋尊千辛萬苦得悟的東西，完全屬於個人的事，不便用言語向世人宣佈，而且，一旦成為大衆的領袖，很多地方要妥協。教團的份子雜亂，麻煩很多，跟一般社會相同，

釋尊才不願意選擇面對大衆，煩擾不寧的生活方式……後來，他不但不退縮，反而勇於弘揚得悟的真理，參與社會活動，這是佛教獨有的作風，也是傳統婆羅門教所沒有的。

從梵天勸請，釋尊決心轉動法輪的行動裡，我們得到一項啟示，縱使少數發現真理，或有一技之長的人，都不要自鳴清高，或想悠悠貪享衆人皆濁我獨清的樂趣，因爲自了漢終究不及菩提心的苦行僧，而最高的智慧與功德，終究來自「利他行」才對。服務的人生觀，不僅能符合佛教的世間法，也會受到全世界人的讚嘆，放諸四海而皆準，一定錯不了。

記憶裡，台灣開始有選舉活動時，用錢買選票的惡行，雖然不像眼前這樣猖獗，但也是存在的事實。當時，有一位堂叔出身日本明治大學政治科，年輕有為，也頗有從政理想，只是看不慣現實上巴結、買票的風氣，所以，他一直猶豫出來競選縣議員，不久，助緣終於來了，他的一位同學勸他，好人不出來，會讓壞人永遠活躍，你於心何忍呢？僅把政治理想放在頭腦裡，不能利益衆生，又有多少價値呢？我的堂叔一聽，覺得有道理。次年適逢選舉，他果然自掏腰包，頭戴斗笠，騎著腳踏車到村裡宣傳政見，後來不但當選了，之後，連幹三任縣議員，在最後一次當縣議員時不幸死在任內，極令地方人士惋惜。

許多佛友會反省自己學佛後，人世觀改變很大，例如學佛前碰到某些事會懊惱，現在不會了；以前遇到某些人不樂意，學佛後也不存在。總之，生活態度，包括金錢觀、職業觀和待人接物……等，都不那樣執著了；不但會退一步想，也會替對方著想，更不會以自我為中心了。具體地說，大家會有一種摒絕自私、感恩四衆的心，這是一件大好的事。

報應不爽

觀音寺的一位法師說，學佛不妨從懷疑開始，不必即刻起信。因為佛陀一向准許弟子們自由思想，依照佛陀的解釋，人要解脫，端賴自己對真理的自覺，而不是要順從誰的旨意。俗話說，人是思想動物，而懷疑是思想過程裡一個起點，可見佛教非常符合人性。

幾位親友常常說要學佛，因為學佛在台灣社會蔚然成了風氣，尤其，坐禪幾乎成了時髦，和各行各業領袖們的「顯學」了。親友們說，學佛前疑問很多，期盼得到中肯的解答。我建議他們，何妨買些淺顯佛書先看，例如，聖嚴法師的『正信佛教』，『星雲大師演講集』等，都適合初學佛者，而且作者都是當代高僧，不離正知正見，看完後一定受用非淺。

在他們的許多疑問裡，就是對報應的認識不周延。好像除了現世報，其他肉眼看不見的都不信。他們有一套強辭奪理，讓自己迷糊，才一直停在佛門外猶豫煩惱。我在尋思何其愚蠢，何其可悲到這種地步呢?

實際上，人的六根——眼耳鼻舌身意，所能及的範圍非常有限，並非止於六根相應的六塵——色聲香味觸法。說得淺白些，倘若眼睛看不到，耳朵聽不見，鼻子聞不出……就不相信，硬說不存在，那不是愚蠢嗎?倘若天生的瞎子硬說沒有黑色與紅色，藍色與紫色……那麼，我們聽了不會好笑嗎?兩者道理是一樣，因此，色身能夠經驗的世界十分狹窄，如果以這個為有無或是非根據，無異生活在石器時代了。

只要相信「種豆可得豆」，「種西瓜可得西瓜」，「種花生可得花生」，「種楊桃可得楊桃」，「種荔枝可得荔枝」……難道還要親眼去察看種葡萄會得到葡萄嗎?或到橘子園觀察，種橘子真能生出橘子來嗎?若有上百萬種子，也要一一察證嗎?撇開理論不談，光是生活上的善惡報應，也不是馬上能夠見到的。原因是，因緣不成熟，時間未到，絕對不是不報應，例如天上黑雲密佈，雷聲隆隆，誰敢說一定會下雨?因爲下雨也要涉及氣溫、風力……等因素，只要缺乏任何一項，也許片刻後，會雲消煙散，成了大好晴天。這是常見的例子，誰也說不準烏雲密佈，必定馬上會下雨。

國內修訂票據法以前，洛城有不少台灣人逃債跑來，待大家相處久了，彼此了解深切以後，他們才肯透露當初逃債的原因。當然，有些不是惡意，而是純粹被迫跑來。每次聽到他們還債無能為力時，我總會規勸他們，能還多少，就先要還多少，或跟對方保持默契，商量解決方法;不要待在國外，東躲西藏才對。不料，其中有一位陳姓朋友說:

「別人欠我的，遠比我欠別人的還多，他們不想還我，日子還不是好好的過?」

言下顯然不想還債，也不承認惡有惡報，因為他不相信肉眼看不見的報應。其實，誰又能目睹活生生的無數報應呢?除非證到相當果位。

根據『阿婆檀那經』上說，舍利弗這位佛陀座下的大弟子，坐禪功夫非比尋常，才能看得見人的前後命運。有一次，佛在祇洹時，剛從禪定中起立，忽見一隻鴿子飛來，躲在佛陀的身影下，顯得很安穩的樣子。佛陀問舍利弗有關這隻鴿子的命運因緣。舍利弗即刻進入宿命智三昧，結果，也只知道牠的前世三代而已，相反地，佛陀的功力，舍利弗卻望塵莫及了，因為佛陀能夠追溯那隻鴿子八萬大劫以前，和以後無限歲月的命運變化。不消說，佛陀證得淨天眼，也能看見世人的善惡果報了。

『中阿含經十二』裡，佛陀有一次對僧衆說：

「因為我有淨天眼，才能清清楚楚看見衆生的生、死和善惡等變化情形。倘若衆生身犯惡行、口業惡行、誹謗聖人，或以邪見導致邪見業，他們會基於這因緣，死後出生到地獄……。」可見惡報不是沒有，千萬不能忽視。

同樣地，也有人不信善報，否認福業力量。因緣和合的原則，也不是三言兩語解說得清楚。『福蓋正行所集經』有一段話，會叫人覺得不可思議，但又不得不認同它。例如行布施，縱使以後遇見惡緣，也不會倒霉或受害。因為一位公主虔信佛法，一天，她發現身邊一顆寶石不見，不久，阿難在精舍裡找到，送回給她。國王笑著說，幸好被阿難看見才會送回來，公主卻說，把寶石扔在鬧街上，用來考驗福德的力量，看看有沒有人拿走？事實上，有人見了當做諱物，有人看做毒蛇，有人當成寶貝。

有一次，國王趁公主熟睡，取下她的戒指，扔到河裡。公主醒來問國王：「誰拿走我的戒指？」

「反正你有福力在護持，難道會遺失嗎？」

「對了，將來必定會回來。」公主說得很有信心。

次日，她叫女僕上市場買回一條魚。廚師剖開魚肚時，竟發現公主失去的戒指，大家都嚇一大跳。

國王看了讚不絕口：

「好極了，你的話無異獅子吼。」

之後，阿難來訪時，國王更有信心地說：

「福力一點兒也不假，我一定要修持福業。」

習慣上，世人不見棺材不掉淚，那時放聲大哭也沒有用，誰叫他不早些積功德，平白糟蹋福田呢？佛陀證得淨天眼，洞悉衆生的幾世因果，這種道行不是翻書本、靠辭典能夠印證出來，只有靠奉行佛智，親自求證。善行雖小，不增不減，彷佛恆河的細沙，永遠潛存著，不必擔憂它會失去，遲早都隨著你。再大的惡行，也休想抵賴，如影隨形，點滴在心上，有一天會看得到。

例如，佛在世時，琉璃王消滅釋迦族，釋尊尚且頭痛難忍，也幫不了釋迦族的大劫，因為定業難逃，久遠以前，琉璃王是一條大魚，釋迦族人嗜食魚肉，釋尊當年是一個幼童，曾用木棍敲打魚頭，所以，連釋尊自己也遭業報，頭痛不已，何況，一群食魚肉的釋迦族呢？下場就是明顯的果報了。

中國人在無奈時，常說天網恢恢，或上天有眼，顯然指報應在後頭，休想逃得掉。

總之，報應是有的，不要忽視才好。

不應離群索居

「桃花源」記裡說，一大群人隱居深山，與世隔絕，若為了逃避亂世，還沒有話說，而且也不止一兩個人。但是，美國卻有一家最孤立的家庭——一家七口住在北極國家野生動物保護區。他們最近的鄰居，乘坐狗拉雪橇，在漫天風雪中，也要奔波三日。這位名叫李察的夫妻兩人，志趣相投，懷有出世思想，也厭惡現實，才決定遠離塵世，去建立完全屬於自己的獨立家園。他們的糧食多半由狩獵，或採野生植物而來，衣服由鹿皮製成，純粹像『魯賓遜飄流記』的生活，讓現代人不可思議——何必回到石器時代呢？神經有問題。

我心想，萬一那天家人患了急病，或者夫妻同時生病，孩子又年幼，不知怎麼辦？恐怕除了等死，也沒有別的辦法。不說別的，站在社會學的立場說，人是群體動物，哲學家也說，人是政治動物，縱使一家有七口，比「魯賓遜」多了幾個人，但七口之家吃的，穿的，和一切日用品，可能一輩子都要自造嗎？那裡連以物易物的機會也沒有，遠比洪荒時代更寂寞。我想，這是違反社會進化的原則，也非佛教主張的生活方式。

縱使現實人間有許許多多缺陷，其實，也只有身歷其境，面對問題，不要逃避；一面改善環境，一面內修自持才是明智。人生的業力羈絆，不是離群索居可以掙脫得了。李察夫妻很傻，既不知珍惜合群互助的因緣，也不懂得把紅塵當道場。若能自我調御內心的貪瞋癡，不受制於污濁的外境，照樣有自己獨立的家園，何必跑到北極去呢？「心淨國土淨」是佛經上的教誡，自己的心境不淨時，跑去那裡也都沒有幸福的日子。

人生的樂趣，不是從出世或荒山野外中找尋。即使住在鬧區，照樣擁有禪境的空間，和無窮的妙味。學佛是要找回自己原來的佛性，它永遠在自己身上，住在人群裡也不會迷失，只要他肯落實佛的教誡。佛教的生活態度，是以出世的心、做入世的事，而不是要逃避現實。相反地，佛陀終身東奔西跑，一下子在鹿野苑，一下子來到舍衛國，或去王舍城，一天也不離開人間弘法。惟有這樣，才能落實慈、悲、喜、捨的四無量心。翻滾紅塵，就是一塊良好福田。誠如「六祖壇經」那句膾炙人口的話：

「佛法在世間，不離世間覺，離世覓菩提，恰如求兔角。」

再說成佛以前，菩薩道的六度修持，也不是到深山或人跡罕到的地方去實踐。不見人影，怎樣廣結人緣呢？若說要修道成仙，可以長命百歲，那就不是佛教的修行了。清淨心的培養，自我的肯定，在人來人往的地方依然可行。以下兩則佛經的故事，都強調社會成員要分工合作，才能正常運作團隊的作業。總之，人類是社會動物，離群索居違反學佛的宗旨，絕對不能開悟成佛，更會跟歷史文明和人性背道而馳。

『離譬喻經』說，一位王子在深山修行多年，什麼事都自己做，不懂團體分工、各有所長和各有專職的道理。有一天，他被迎回宮去繼任王位，很多意見跟群臣相左，因為他孤獨慣了，不知與人相處，和君臣之道。例如，廚師每天調製可口的飲食伺候國王，國王以為他什麼都能做，於是，把國家大小事情，也吩咐廚師去辦。這樣，當然引起群臣的嘲笑了。群臣只好稟告國王，廚師的職責，只有調製飲食，其他衣服、居住、兵役、寶庫等朝廷大事，各有專人負責，不是一人包辦一切。

個人是社會的一份子，從出生到死，是要在團體裡學習和適應，活到老學到老，這是人性，也是成佛的善根。

『大方等大集經』也提到一群畫家裡，有人擅長彩色，有人只會繪人體，而不擅長畫手腳。有人把手腳畫得十分逼真，而不擅長畫臉孔，反正各有專長。一天，國王忽然拿出一塊布料，緊急下令他們：「你們快在這塊布上，畫出我的肖像。」他們聽了各自發揮專長，有人畫臉、有人畫身體，有人畫手腳，有人負責上顏色。頃刻間，一副完美的國王肖像就出現了。

小乘教派雖然不重視菩提心，只做自了漢，也照樣要有基本生活，這一切需要也取自社會。那些都是無數人分工造成的，學佛的人一看就明白孤僻，或忽視人際關係，畫地為牢，執著自我，犯了佛教大忌。中國人常說，年紀大要具足三老——老本、老伴和老友，若住在鳥不生蛋的冰天雪地，或人跡不到的荒野，即使有老伴，又那兒去找老本和老友呢？

在美國，我不時在豪華的公寓裡，看見孤零零的老人，坐在房裡，連大門也不關，只要看見有人走過，立刻向人招手，請進去聊天、解除寂寞，否則，他們簡直要發瘋了。

我很同情亞裔的新一代移民，剛來美國，因為言語、習慣、交通工具和文化差異，一時難以調適，明明住在洛城這個大都會，周圍有各種不同族裔，也沒有勇氣去結緣，或結鄰為伴，生活圈子跟那家搬到北極圈的最孤立家庭沒有兩樣。我想他們日後會產生心理障礙，不能享受正常的人間生活。

先進國家的老百姓，好像成天忙賺錢、貪玩樂、各顧各的，事實上也蠻關心旁人，頗有宏觀思想。例如美國上次民意測驗，顯示他們都樂善好施，一面追求隱私權，歡喜獨立生活，但也有濃厚的利他精神。

日本社會裡，個人一切附屬團隊，終身願意為團體盡忠，沒有怨言。所以，為人做事講求和睦、重視人際關係，誠如日本前任首相——海部俊樹說：「做任何事情，不論生意或其他事，都以人際關係為先，這樣，一個人要認識另一個人，才會將心比心。」這也是互助與依賴的社會關係，學佛的人，如果不能領悟群體生活的重要，就不懂『法句經』上說，「出生為人難」的意義了。

報載一對泰國兄妹與世隔絕二十年，因為討厭醜惡世界，才閉門隱居。我想，他們也是荒廢福田，既屬病態，也毀壞善根，後果不會樂觀。他們沒有參與社會公益的心，相互關懷的惻隱心，和肯定自我的精進心，不能融合在社會上，活著實在沒有意思。

以『佛陀的啟示』一書膾炙人口，出身南傳佛教的羅睺羅•化普樂說得很平實，佛的教誡不僅為寺廟裡的僧衆而設的，也為所有家庭裡的男女老幼而設的，代表佛教生活方式——八正道，其實是為了一切人而設，不必分彼此；如果群衆不能在生活上受持奉行，佛教還有什麼用呢？不要囿於它的文學，若是真正明白佛教精神，自然能一面過普通生活、一面遵行教誡的。

明白地說，真正的出離，不是身體離開塵世。佛陀的大弟子——舍利弗說過：一個人可以住在山林苦修，而仍然心裡充滿不淨思想，另一個人住在鄉鎮也不修苦行，但心鏡澄朗，了無微瑕。兩者之中，後者遠勝於前者，也比較偉大，才是佛教中人。

巴利文學會版中部經上說，一位遊方行者婆蹉種會經問佛，一般在家居士能否實踐佛教，而且成功地達到很高的精神境界呢？佛坦率答說，當然能，而且不止一兩個、一兩百個，或五百個，甚至超過更多。

倘若隱居一時，先將心胸陶冶一番，或做一番道德，精神與理智的磨練，待力量充實再出來渡衆，也未嘗不可，但若獨居一輩子，只顧自身快樂，不關心餘人疾苦，跟佛教絕對不符；原因是，佛教建立在友善，慈悲與服務的基礎上面。

從『善生經』裡看出，佛心目中的東、西、南、北、上、下六方，有不尋常的解釋。因為它們代表父母、師長、妻兒、親友鄰居、奴隸傭工和宗教信徒的來往關係。佛陀不曾把個人跟社會關係分開，反將它們看做一個整體……。

若不生活在群體裡，還需要什麽五戒呢？獨來獨往、無業可犯、無行可修，因爲佛教精神是針對群衆，而不是個人的。

依法不依人

十多年前，我住在鄉下，看見一本雜誌上說，一位頑皮記者問台塑董事長王永慶：「聽說你打一個噴嚏，會令買台塑股票的客戶嚇一大跳，請問您的健康情況如何？」據說當時，董事長沒有正面作答，只有輕鬆地表示，自己每天風雨無阻，要跑操場好幾圈，而且，台塑一切制度很健全，如此而已。我想，他是位聰明人，這個回答不僅旁證他的健康不成問題，也暗示台塑的存在，依體制而不依他。他說得沒錯，人命無常，說走就走，只要制度健在，台塑也會照樣運作，不會因為董事長一人而存廢。

有一年，我到東京旅遊，剛巧日本首相——大平正芳死在任內，那時，除了他的親友和利益集團，痛心疾首，彷佛失去巨臂以外，老百姓不見得沒有他，就像失去陽光那樣嚴重，馬上覺得天昏地暗；而整個日本國就像要崩潰，或沒有前途的樣子。原因是，日本人信得過民主政治在國內生根，體制也落實了。

相反地，當時在台灣社會，仍然時時需要領袖，常常要靠時代的舵手，一旦沒有他，老百姓都會驚慌。說真的，在古老的東方社會，各種團體的存廢，跟大人物的影響太大了，尤其是一個創始人，不論英明或暴君，都會大大影響到部屬與成員。而且，對方也會自命不凡，認為理應如此，死後還要吩咐怎樣做。關於這些，我想讀過中國歷史的人，不說也知道。

佛教的創始者——釋迦牟尼佛，卻有智慧地跳出這套古老的世間法，而不認為人的因素最重要，包括他自己在內。縱使他不在世上，弟子們也無須驚慌，只要教法正確，照樣修持就行；若肯篤實守戒，依然能夠得到智慧，成佛作祖，至於他在不在世並不要緊。所以，學佛的人都記得那句感人肺腑的話——「依法不依人」、「以戒為師」，而不需要以誰為師，才能到達彼岸。

佛法能夠發揚光大，超越種族與國家界限，不以人為皈依的因素，居功最大。換句話說，不管誰說的法，只要能見到真理，彷佛只要藥好，就可治病一般，而用不著知道藥方是誰配的，也不必打聽藥是那兒來的。

佛經上提到一位叫弗加沙的聖者，已經見到佛法的精髓，可憐，他要去張羅衣缽，讓佛陀授戒時，不幸被一條母牛用角觸死了。關於他的事，佛經上說得很動人——

有一次，佛陀在一個陶工的棚屋裡過夜。那裡先有一個年輕出家人，他和佛陀素不相識。但見他的舉止儀態，都很令人歡喜。於是，佛陀問他：「比丘啊，你在誰的名下出家呢？令師是誰？服膺誰的教誡呢？」

「同修啊，一位釋迦族的後裔叫做喬答摩，他做了出家人，聲名遠播。據說他證得阿羅漢果了，不失為覺行圓滿的引導者。我就是在他名下出家，他是我的師父，我在服膺他的教誠。」年輕出家人回答。

「那位指導者，阿羅漢，圓滿覺行的師父現在住在那裡呢？」

「他住在北方國境內，同修啊，那裡叫做舍衛城。那位世尊，阿羅漢，也是圓滿覺行的師父，目前正在那裡。」

「你見過他嗎？那位世尊如果被你碰到，你認識他嗎？」

「我從來沒有見過那位世尊，即使見到他，我也不認識。」

佛陀知道情形，也不透露自己的身份。只淡淡地說：

「比丘啊，我要將法傳授給你，你留神聽著。」

「好啊，同修。」年輕出家人回答。

佛陀給他說一部『六界經』。說完後，對方始知眼前說法的人，正是佛陀。他趕緊起立前來，匐伏在佛的腳下謝罪。因為他不明情況，竟把佛陀稱同修。接著，他央求佛陀授戒，准他加入僧團。可惜，他不久被母牛觸死了。

這段故事裡，可知佛陀不重視自己的身份，對方也無須知道，信受法義才要緊。還有佛陀躺在拘尸那城的沙羅雙樹下，最後教誨弟子們說：

「你們以後要以戒律為師。」隨法不隨人，意思是，修行人要以教法為依皈，不必以人為依皈；對方雖然是凡夫或外道，只要他說的理合於正法，也能信受奉行。相反地，對方雖有相當具足的身份，如果所說不合正法，也應該捨離，不可以依止他。

目前，佛教在日本、台灣或亞洲各地好像有不少宗派，也有許許多多大小不同的寺廟，派別色彩似乎很濃厚，只要遵奉釋尊為教祖，法義不離緣起、八正道、四聖諦，而不宣揚神通、算命或風水，也等於正知正見，真實的佛法，至於住持人是誰？道場是誰開創？並不要緊。前幾天，我拿著一大包林鈺堂居士的『勸念佛』，到了西來寺問一位年輕法師說：「可不可以放在這裡？他是陳建民上師的傳人。」那位師父立刻答道：「只要宣揚佛陀的正法，當然能放在這裡。」看他那副誠懇認真的表情，我反而有些不好意思，這證明外人批評佛光山只准放自己人的書，簡直胡說。

我聽一位鄭教授說，台灣目前是中國歷史上佛教最興旺的時代，學佛成了最被看好的情勢，其實，不論皈依那位法師，常去那間寺廟都不要緊，最重要的是，皈止正法正信，縱使對方是在家居士，也不在此限。釋尊當年還不是叫舍利弗、目連、羅睺羅等門下，去拜訪那位住在毘耶離城的維摩詰居士，因為他不但精通深不可測的大乘之道，也因為懂得佛的教理而開悟。得悟後的維摩詰，慈心悲願，彷彿大海一樣浩翰無垠，也是很難得的在家信徒。釋尊不在乎他是居士身份，反而聽到一群佛弟子都讚嘆他的法義。依照『維摩詰所說經』上說，連帝釋天王、梵天王、和凡界人士，也稱讚他的德行，以示敬意。

佛法即是真理，依止佛法是不會錯，而人的因素並不重要。

人要先認識身體

俗語說，身體才是資本，因為是資本，才會使人愛著。難怪大家口口聲聲：「身體最要緊」或說：「身體才是自己的。」在一般人眼裡，身體即是生命，至高無上的法寶；破壞身體，不僅徹底危害自己，也是父母親的不肖子，因為髮膚身體，都來自父母的精血。所以，迷戀身體是大家的身體觀。佛教的身體觀卻比這更慎密、更透徹，有更智慧的觀照。那麼，到底身體是什麼呢？佛教的答案絕非人云亦云，或老生常談。

常識上說，身體是肉體與精神的集合體，每天飲食在維持身體的新陳代謝，佛教也承認這種生物學的原則，但堅決反對飲食過量和過少，而主張以溫飽為主，若超過溫飽的程度，就無益佛法的修持。同樣地，每天在飢餓狀態中，無異一種苦行，只會折磨或摧殘身體，不僅不能開悟，反而會毀滅整個生命。所以，不健康的身體，並不是佛教的旨趣。

前日報載，美國的成年人裡，大胖子幾乎多到每三個人中就有兩個人，意思是約有三分之二的成年人超過正常體重，那是不健康的現象，當然是一種病態。因此，電視上經常看見一群肥胖的男女，在健康中心藉助健康器材，坐著站著，都滿身大汗、哭喪著臉，拼命操作，我心想：「這是何苦呢？」不消說，大胖子不是天生的，多半是貪食引起的，食物的攝取與消耗不能維持平衡，才會自食惡果。

『修行道地經』有一段話，佛說要節制飲食，讓身體減輕。不貪睡時，起居動作，或誦經課業，才能平靜，大小便也會減少或暢通。同時，淫、癡與怒等情慾降低，就會容易成就道行。

佛教認爲身體不是實有，只是因緣和合的暫時存在。但是，它是五根的依據，即耳、鼻、眼……等諸根，和諸根對境的諸識，統統都依據在身體上。一般人很難突破這些身執，不能守護根門，才被外境迷惑，反而成了苦惱根源。

『法句譬喻經』提到當年釋尊，也曾在舍衛國向四位修行人開示，世間的最大苦惱，就是有了身體，才會導致飢渴、寒熱、憤怒、淫慾，和怨恨等，身體成了一切禍害的根源，也使過去、現在與未來的三世萬物，互相殘殺。這些都在綁住身體，讓我們陷入生死輪迴裡。所以，身體好像一個容納苦惱的器具……不過，大家不要誤會，身體既然這樣可惡，讓我們陷入輪迴，不如舉刀自殺便了。其實自己殺害生命，等於違反五戒之首——殺戒，這樣造成的惡業非同小可，一定會下地獄。那麼，我們要靠佛教的智慧來透視身體的本質，才能脫離煩惱，也是正途。

若要離開煩惱，就要落實四念處的第一念處——「現身不淨」，用智慧觀照身體的非常住、苦、空，和非我等相。如『法句經』所說：「觀身不淨，能攝諸根，知食節度，常樂精進，不為邪動，如風大山。」

另外，『般若心經』也指出只有「照見五蘊皆空，度一切苦厄。」說得淺顯些，就是明白身體不是永恆實有，也不是清淨的合體，如果持相反的觀照，執著不捨，就要淪為邪見了。『雜阿含經卷』進一步教導，如果能夠觀照身上的毛髮、牙齒、塵垢、流涎、皮膚等三十六種不淨處，自然可以脫離貪愛的執著。但是，大家也不必悲觀，佛法圓融，如同『俱舍論』所說，有情衆生的身體，猶如器物，也能容多諸法，故有「身器」之稱，例如不要殺生、不偸竊、不邪淫，兼備三種清淨，身業也能遠離煩惱垢行，讓修行得到成就。

目前，國人早已脫離營養不足的時代，反而以貪吃貪玩，耽於物質享受的日子。國人既不知珍惜身體，把它看做一個容納諸法的身器，或藉助身體多種福田，清淨身業，拋棄煩惱，也不知「觀身不淨」的秘訣，好好觀照非常住，非我等相。佛教徒都知道維摩詰居士很崇拜釋尊，他長期間對佛做各種供養，不僅通曉大乘之道，也因懂佛教而開悟了。有一次，他為了方便引導世人，乃示現病重，躺在床上呻吟，那些崇敬他的人聽說他生病，上自國王大臣，下至富翁、居士和婆羅門等，都紛紛來探病。此時，他對於身體有一番正確明朗的分析，無疑是佛教的身體觀。只聽他對一群訪客說：

「諸位要明白人的身體，不能永遠存活，它不是永恆的。它既不強大，也無力量，更非牢不可破。總有一天會腐朽消失。大家不要執著不放這副無法依賴的身體。它像泡沫的聚集，既不能拿，也不能扎。肉身不過像業緣露出的一個影子。它似浮雲般，頃刻間，會變化消失，也像閃電般片刻不留。這具身軀不是統率一切的我，既無壽也無知，它也是充滿汚穢的肉體。大家不要執著這樣既不淨，又不像浮雲般捉摸不定的肉體，應該追求更永恆，而且充滿生命光輝的佛身……。」

開悟後的維摩居士，懷著浩翰的慈悲心，對大家平日愛惜的身軀，做一番透徹精闢的講解——無常、苦、空與無我等四相，旨在指引大家追求常住的法身才對。這段話對學佛的人，不是暮鼓晨鐘，應該警惕的嗎？

還有一句教誡是，釋尊親口向波斯匿王說的話，它出自『法句譬喻經第三』，因為波斯匿王肥胖的身體，經過釋尊的指點，才得以減肥成功。有一次，釋尊警告他：

「世人都以為有得吃，並能縱情耽慾，才算幸福。其實，人死了精神消失，身體成了殘骸，留在墳墓裡而已。只知縱情肆慾，又繼續這副殘骸，無疑一大錯誤。智者勤於養植精神、愚人只知養植身體。」

學佛就是不做愚人，應該懂得自己的身體。

邊說邊做、能說能做

我讀「三民主義」這門課時，發現這種課本有好幾種，作者不同，內容大同小異。後來，我在圖書館看見孫中山先生的演講本，不但句子口語化，而且深入淺出，非常易懂，跟我以前讀過的差異極大。勿寧說，只有孫先生的講稿才是真正的「三民主義」，其他再有名氣的人，不論官職有多大，內容有多好，都摻雜他自己的意見和揣測，跟孫先生的三民主義有距離。換句話說，有時看了後者反而更令人疑惑：「怎麼三民主義這樣艱深籠統呢？」其實完全不會。

直到我的佛學有了基礎，對整個佛教理念有了初步了解，才發現眼前有些佛書，也犯了同樣毛病。他們誤解了佛教，跟正確佛法有距離，甚至歪曲，違背了佛陀的教誡，讓初學佛的人，愈看愈懵懂了。譬如有人把佛法看成哲學架構，不能實用，分不清神佛，以為是算命神通……，總之，這種佛法是作者個人的佛法，而不是釋迦牟尼佛的佛法了。

沒有學佛以前，誤會佛法為知識或神通，情有可原，也是難免的，我自己也這樣疑心過，直待自己摸索好長一段日子，才知道佛法既非神通，也不是知識，而是一套真實可用的生活寶典。那麼，它到底是怎樣有實用價值的寶典呢？為什麼快入二十一世紀的今天，還能用做人生的指針，而且永遠也可以呢？

當然，這些問題不是三言兩語能夠說清楚，限於篇幅，我只想解說佛法的實用性。其實，不只現在有人誤會這一點，遠在佛陀時代，非佛教徒也有人不懂佛法的實用性，最著名一個例子，出自『中阿含經』那個名叫鬘童子的人，曾列舉十項形而上學的問題，請佛陀當面解答，

這十項問題是：

㈠宇宙是永恆的嗎？　㈡不是永恆的嗎？
㈢宇宙是有限的嗎？　㈣還是無限的呢？
㈤身與心是同一物嗎？　㈥還是身與心各自分開呢？
㈦如來死後繼續存在嗎？　㈧不繼續存在嗎？
㈨既存在，同時不存在？　㈩既不存在同時不存在？

當然，光從邏輯上，或問題架構來說，這些也是很有意思，至少要很有思想的人才能提得出來。

可惜，這些都不是佛法，也不是佛陀的教誡，現代人自稱有文化，知識淵博，自炫有追根究底的興趣，那麼，這些問題就給他們去解答，但是，佛法不提這些。

依據經典上說，鬘童子的語氣還咄咄逼人：「如果你不給我解釋，我就要離開教團。」

可見他對佛法太外行了。

佛陀只好告訴他，佛法跟這個無關，因為佛法教人怎樣消滅生、老、壞、死、憂、戚、哀、痛、惱等實際問題，同時，佛陀只解釋到此，而不再解釋其他，因為他提出「十問」對人生沒有用，跟修鍊身心無關。

「不能令人厭離，去執，入滅，而得到寧靜、深觀、圓覺、涅槃。」

我想，那些以為佛法很籠統，或疑心它不能做人生寶典的人，應該不要再疑惑了。佛陀的回答不但淺顯合理，另外又舉出一件有趣的譬喻，彰顯「十問」是多麼無聊，而不切實際。譬如有人被毒箭所傷，以常識來說，當然快去請醫生拔出毒箭，療傷救人最要緊，分秘必爭，搶救生命才對。

只有無聊的人才會問，我要先知道射我的人是誰？他是婆羅門？剎帝利（武士），吠舍（農商），還是首陀羅（賤民）呢？他的身高怎樣？或中等身材？他的膚色是黑？棕色，或金黃色呢？他從那個鄉鎮來的呢？我要知自己被什麼弓射中？弓弦是什麼樣？那一類的箭？箭羽是那種毛製成的？箭簇是用什麼材料造的？除非先答覆這些，否則，他不讓醫生拔箭。試想這不是神經病嗎？

這個譬喻也能旁證佛法是面對疑難，直接提出究竟答案。至於許多經典解說，也是八萬四千法門，適應衆生離苦得樂的方便而已，而不是說佛法有多複雜、多抽象。

也許有人反駁，禪不是奧妙難懂嗎？因為它不立語言文字，只靠拈花微笑，傳達心意，我們凡夫那會得到受用？那能靠坐禪解脫呢？事實上，這也是誤解，不妨引用膾炙人口的兩則禪門公案，看看禪到底抽象與否？

一個僧人曾問趙州禪師：

「萬法歸一，一歸何所。」

在一片寂靜中，只聽趙州禪師喃喃作答：

「老僧在青州作得一領布衫重七斤。」

對方聽了不解意思，頻頻搖頭，殊不知禪要落實在日常生活中，它才具有生命。禪不談大道理，它就是無拘束的日常生活罷了。

再如道元禪師臨終前，從坐禪中起身舒展筋骨，在室內彳亍踱步！同時指示第子：「是處即道場。」

顯然，當下是處就是道場，這是一種認真的生活態度，這樣的生活方式，就是修行，也是證悟，生活步步是道場，不是在禪堂內默坐才算修行。

『佛說優塡王經』提到一位優塡王，聽從妃子的煽動，做了不少壞事，甚至要殺害信佛的王后，幸賴佛陀開示，才不再造惡，內心恰似無明的迷霧頓開，一片清淨。

『涅槃經十七』也說那個喪心病狂的阿闍世王，聽完佛的敎誡後，變成一位賢君，做了許多善事，可見佛法自有精闢的內涵，足以改變人的心態。對方身居要津，握有大權，學佛後對衆生的利益，不可限量，原因是佛法的確改變了他。

我有兩位同鄉在加州住了十多年，他們都是陪兒子來美國求學，也都在十年前變賣所有家產，以一美元兌換四十二元台幣的比價，懷著所有為數不多的美金來美國，如今台幣升值，美金貶得又厲害，如果計算當初的差價，實在損失極大，這兩位同鄉面對同一個殘酷事實，卻呈現極不同的反應。其中一位張太太哀聲嘆氣：

「早知如此，當初的房子不賣，現在也値幾千萬，折合美金一百多萬，這個數目在這兒一輩子也吃不完。唉！真是倒楣，一輩子也賺不回那些錢了。」

她說得沒錯，金錢不但損失，可能再也賺不回來，而且省吃儉用，百萬美金在這兒不工作也能活下去，這樣看來，不是損失頂大嗎？難怪她一想到此，晚上睡不著覺。

誰知另一位古先生卻不這樣想，他不會鑽牛角尖，我聽他私下透露，當初變賣家屋有一千萬台幣，扣除一切旅費，也還帶二十多萬美金來，倘若財產不賣，如今估計有上億台幣，損失比張太太更多，但是，古先生說，誰也不能未卜先知，世間無常，既然是自己願意來，一切有計劃，就要有膽識負責成敗，不能怨天尤人。何況，眼見子女個個讀完一流大學，身心成長很健康，只要他們有本事，到那裡都能賺回損失的錢，人生有多方面的領域成就，不一定執著在金錢上。他常常在想，四個兒女眼前的成就，不但讓他們夫婦歡喜，也讓孩子得到更多，那不是金錢買得到。所以，損失的錢不影響他的心情……。不久，我也知道他是佛教徒，因為我看過他家掛有「鳩摩羅什」的牌位。鳩摩氏譯過許多佛經，對佛法北傳貢獻很大。

據我所知，古今任何哲學思想或知識，都無法讓人信受徹底，得到受用，更何況讓人心神自在。同樣碰到一個打擊，佛法的解說不同，不僅從世間法著眼，也能兼顧出世間法，結論自然不一樣。問題是，本人能不能奉行佛法？如果答案不是肯定，那麼，佛法對他也等於知識，只是抽象，優美的哲學而已，『六祖壇經』說：

「世人終日口念般若，不識自性般若，猶如說食不飽。」

說真的，只有這種人才會說佛法不實用，很抽象，反之，六祖也開示這種人要：「口念心行，則心口相應。」

意思是，學佛要口念和心行，或者邊說邊做，從實踐中得到益處，這樣，才會領悟佛法為什麼不是空洞思想？

最後，依照巴利文版雜部經記載，佛陀有一次取幾片樹葉在手裡，問身邊的弟子：「你們知道我手中有多少片葉子嗎？此間樹林裡有多少葉子嗎？」

弟子們回答世尊手上僅有幾片樹葉，而密林的樹葉多得不可勝數，於是佛陀開示：

「同樣的，我所知的法也很多，已經告訴你們的只有一點點，那麼，我為什麼不向你們多說呢？因為其他的沒有用處……那些不能導人到涅槃，這就是我不說它的原因。」

可見佛陀只說有實用，能引人到彼岸的妙法，其他多說也無用，大家知道了也徒勞，不如不說。

佛法有實用性，絕不是談玄說妙，用來討論而已。

孕育菩提心

清明節大掃墓，墳場上人來人往，說話聲此起彼落，後代子孫們無不滿懷敬虔心，不論風雨，也絡繹上墳前祭拜，此時根本不覺得墳墓有太多恐怖，會令人不安。

記憶裡，我上國一那年，鄰居一位伯母過世，我第一次送葬上墳場，適逢歲末，狂風怒號，冷氣逼人，站在四周埋死人的草叢上，才感受壘壘荒塚，誰能逃此大限呢？童年心版上留下終身難忘的悲愴印象。

之後，送親朋好友上墳場的次數多到數不清，但每去一趟，心裡也不好受，但都很無奈。有一回去那裡，看到一座舊墳不知怎地，好像長久無人理會，不說泥土翻鬆，連破棺材都露天，裡面屍骨也曝光，我那時注視一陣，有說不出的悚然，暗忖：「人啊，人啊，到底怎麼回事呢？」無語問蒼天，直到十年前學佛，才對那次恐怖印象有較成熟與智性的理解，從佛法裡獲得不尋常的答案了。

因為學佛後，才會明白那種景象與結局，一點兒也不意外，也不那樣可悲可怕。換句話說，我會用平常心看它。不僅這樣，我還知道有些善知識，會特地去那種地方注視一堆骷髏，觀照人生，悟解它的無始無終，只有學佛精進，得到智慧後，才能解脫輪迴的苦惱。這就是學佛路上有效的骨鎖修行法了。

意思是，受行佛教，面對一大堆白骨，卻能制伏我們內心的貪。據說日本有一位一休禪師，習慣寄寓在白骨的夢境，來理解法門的奧義。可見墳塚荒山也是能供人觀照，領悟智慧的佳境。依他們看，這種地方毫無可怕，說不定可以大徹大悟生死之妙。事實上，古今佛門裡，也不乏大德們特地到那裡去坐禪入定。

依據『雜阿含經卷二』上說，如果肯停留在骨想觀上，更能增進觀慧，可以目睹昔日不能徹見的骨中八色——地、水、火、風、靑、黃、紅、白，而每種顏色都會發光，就如流水，圍攏著骨水，會讓修行人悲慚恬愉，心身都穩定下來。的確，有些修行人熱衷觀想人體的皮肉腐壞，這也叫不淨觀，他們有時還要繪畫一堆枯骨，掛在房間，當做骨觀的對象，方便自己早日成就觀想。

『中阿含卷念處經』和『俱舍論卷』也都提到白骨觀的修持步驟，詳盡愼密。例如初習時，可將注意力貫注在身體的某一點作骨想，漸漸擴大全身，再轉移到人身上，然後，觀想全世界到處白骨，天地滄茫，再突然攝回自己身上，有了這種道行後，也可以觀想自己全身骨骼裡，先去掉腳骨，再逐漸去掉其他部份的骨，而僅留下半頭骨，最後到達更高造詣，才將那僅存的半頭骨也去掉，讓心止於眉間，這樣循序漸進，才能領悟非凡的生命層次。

佛經裡提到一位名醫耆婆，在釋尊時代，他的醫術高明，舉世無雙，連釋尊和佛弟子們都請他診病，但他也只能在世間法的開刀服葯等層次上，而不能洞悉生命的前因後果，幸虧他皈依了釋尊，才從佛的教誨裡，進入更寬闊的醫學領域。

『艮醫經』上說，釋尊為了讓耆婆徹底明白人生的來龍去脈，得到更實感的理解，也特地帶著他上墳場，親手敲打一堆骷髏，根據聲音來判斷他上輩子和下輩子的善惡與去向。佛陀手指五個人的白骨要耆婆判斷，最後，還有一個不知道，佛才告訴他，那是羅漢的骷髏。結果，耆婆才得到法眼，洞悉一個人的生前與死後，而後成為佛典上的大名醫。

因為天下蒼生，彼此的根性差別巨大，有些人即使有善根，也有因緣學佛，亦不見得很快得悟。佛典上常說，釋尊也不時用白骨觀來接引這種人。

『法句譬喻經第一』提到一名美貌的妓女名叫蓮花，雖然生有善根，也想學佛，有一次，當她從清澈的水影裡，發覺自己竟然這樣漂亮，應該及時行樂，不想去學佛了，幸虧慈悲的佛陀不忍心見她打退堂鼓，才化身一具屍體浮腫腐爛，蛆蟲蠢動，死狀甚慘，讓她看了始知此身不是永遠屬於自己，惟有佛法才是永恆，之後，她也證得羅漢果了。

『法句譬喻經第四』也說一位年輕修行者，因為暗戀一個美女，夜夜苦惱。釋尊也方便活用上述方法，讓他目睹正在發臭的美女屍體，之後教誡他：

「……萬物無常，生滅變化，瞬息之間，也迫不及待，傻瓜才只看外表，不查真實，結果徒自悲傷。」

一句話道中天下凡夫的要害，難道我們還不快些警醒嗎？

台灣靈鷲山叢書裡，心道法師那本『行者啟示』，也給我很大的震撼，俗人夜晚閱讀那本小書，恐怕會觸目心驚，睡覺會做惡夢。但是，他從墳地的頭陀苦行裡，得到意外的參悟。他說有時看得到蟲鳥噬食死屍，面對人生這種殘酷的事實，容易修持「無常，苦，空」的觀想，對三界慾樂，產生厭離心，這樣更能砥礪自己不可放行，不愧是智者的選擇，而且，看見一堆駭然的白骨，暴露荒山、日曝雨淋，也容易長養自己救渡衆生的慈悲心，置身墳地這種道場，更能觸目迎向「生死」的問題，鞭策自己再精進，他那肺腑幾句話，對發心學佛的人非常受用。

我記得還有一段描述，他說住在宜蘭縣靈山塔時，塔的四周都是墳墓。不要說夜晚，恐怕白天在裡面也不太可能心如止水，所以，非有相當的定力與正知正見，住在那孤寂而悲涼的塔裡，難免會湧起恐懼心。如他回憶說，萬籟俱寂裡，會突然聽到外面一陣吵雜聲，好像男女老幼在嘀嘀咕咕，但又聽不清楚講話的內容，不想聽它，卻又清晰地響在耳畔，有時會如開砲一般轟個不停，塔裡不時聽到上下樓梯的腳步聲，但又不見人影。有時傳來陣陣的啜泣聲，悽惻異常，彷佛在人間遭遇坎坷不平，聽到令人心碎……諸如這些反而成了他的助道因緣，也更加強他的向道心。

他說得沒錯，只要努力向道，連鬼神也會恭敬。難怪他也因此感悟一首詩偈：「體性寂然，虛無體性，常住虛空不離體相。」

學佛為了求智慧，折服無明，而智慧來源，仍得持戒修行，有時用不尋常的實踐法，反而很快得悟，但不是每個人都適合同一種方法。因時因地和自己的根性，不難從八萬四千法門裡，找尋適合自己的捷徑。俗語說，天下無難事，只問自己有沒有心實修。否則，最簡單念唱「南無阿彌陀佛」，也照樣能成就佛道啊。

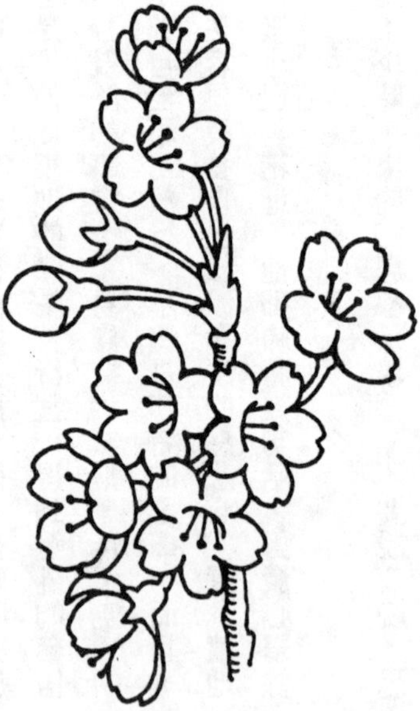

誰能自在往生呢？

以前我讀到舊詩：「採菊東籬下，悠然見南山」時，馬上湧起一陣嚮往心，恨不得早日從匆忙熙攘的都會生活裡，回到那種地方住一陣子。尤其，台灣人滿為患，有路必見交通混亂，也實在不易找到那樣雅靜的環境和景緻了。除非開車到郊外，然後，再走路到很遠很遠。老實說，我嚮往的不僅是肉眼可見的空間情景，而且是悠然自在的閒情逸致。

那句詩章的確引起我極大的共鳴，尤其，目睹牆上一幅掛畫——「竹林七賢」的寫景，我真有說不盡的神馳豔羨。其實，我也不怎麼敬佩那七位賢人——稽康、阮籍、山濤、向秀、阮咸、王戎和劉伶——憤世嫉俗，逃名避世的人生觀，我只欣賞國畫上的形象，有人坐在石頭上，有人躺在草叢間，有人依靠大樹旁，那種放蕩不羈無拘無束的神情舉止，乍見下，頗似佛經所強調那種自在無礙，領悟人生無常，不耽於名聞利養。

當然，至今也沒有確實的歷史資料佐證，他們懂得佛法的「自在三昧」，所以，他們的表象自在，絕對不是圓滿，也不是究竟。

古往今來，佛教大德裡，得到自在的人，多得數不盡。例如，佛教史上常常提到一位大護法，在弘揚佛法上功不可沒，他就是印度的阿育王。因爲他在世襲下繼任王位，起先野心勃勃，有意征服整個印度半島。

有一次，在他攻打迦陵迦國時，看到戰場上殺傷姦擄，慘不忍睹，幾十萬人遭到酷刑，才真正震撼他的心。之後，他皈依佛教，作風完全改變，被佛陀的教誡感化，前後判若兩人。最值得讚嘆，也是人類歷史上絕無僅有的是，他不以勝利者的姿態，繼續用武功擴充領土，而改用和平與非暴力，同時，他徹底信受佛法；從『阿育王傳』裡，也看到他臨終得到很大的福報——自在逝世，俗話說死得很瞑目了。

說真的，人要死得自在，即安然往生，並不簡單，那是學佛的極大成就，有人說佛化人生，正是無拘束的大自在，包括預知時至，去得很灑脫。

阿育王皈依後，四處建造寶塔和聲聞塔，並在佛出生、得道、大轉法輪，和入涅槃所在，以及諸羅漢涅槃地點，大行布施，種植菩提樹，舉辦齋戒大會，施食三十萬僧衆，金額多達九十六億。

後來，他病重了，自知死期快到，但有一件心事未了，讓他耿耿於懷。群臣問他什麼事放不下心，他說：

「我本想布施一百億，現在還差四億才憂傷苦惱。」

幸好，一位名叫羅提的大臣告訴他還有庫存，他才如願布施了百億財產。

不料，他的繼承者聽了邪臣的邪見，阻止他布施最後的金碗，害得他無物可施，最後只剩下半個菴摩勒果也布施給雞頭摩寺了。

接著，他的臨終迫在眉睫，但是，他卻顯得十分滿足，悠閒自在，合掌說道：

「我已將所有大地都布施給佛和僧衆了，前後功德不在追求轉輪王、梵天或帝釋的崇高地位，或人天享受。我只想得個心裡自在，成就聖果罷了。」

不消說，臨終前的自在無恐，也是學佛的利益之一，依據『舊華嚴經卷』上說，只要實踐「六波羅蜜」，就能得到十種自在，而阿育王大行法施，無畏施和財施，可以圓滿得到其中的命自在，心自在和財自在。

『華嚴經』上說，學佛就是修到用正見智慧，觀照真如境界。因為萬物變化，都能瞭如指掌後，自然不受外境污染，只要心境一片晴朗，法眼所見，無邊無際，不就是自在無礙嗎？所以，成佛無異成了自在人。

四十多年前，我剛上中學，一位很聰明的化學老師說過一句課外話：

「人死所謂痛苦，不是怕去陌生世界，而是自己生前缺德事做多，好事做少，功過不相抵，受到自己譴責，才死得不自在，臉孔特別難看。」

我當時聽了蠻有道理。奇怪的是，他教的化學知識統統被我忘掉，只有這句題外話，反而留在腦海裡遲遲不能磨滅。

照他這樣說，許多人眼前吃穿不用愁，生活蠻自在，倘若不積陰德，不種福田，恐怕臨死也不會自在，臉色會特別難看。那麽，自在的情況怎樣呢？且看『六祖壇經』上說：

「但淨本心，

使六識（眼識、耳識、鼻識、舌識、身識、意識）出六門，

於六塵中無染無雜，

來去自由，通用無滯，

即般若三昧自在解脫。」

還有『般若心經』談到自在解脫時，有一句最中肯，也最膾炙人口的是：

「觀自在菩薩　行深般若波羅蜜多時　照見五蘊皆空　度一切苦厄……

是故空中無色、無受、想、行、識……依般若波羅蜜多故心無罣礙，無罣礙故無有恐怖，遠離顛倒夢想究竟涅槃……」

從許多資料裡，知道打坐中自在往生的高僧眞不少。遠的不說，近日讀到『近代往生隨聞錄』，勤修淨土，念佛到一心不亂，參悟了生死大道，不乏民國以後的佛友。他們預知自己行將離去，喜笑如常，吩咐後事，旁人毫不察覺，然後悄悄地，灑脫地往生西方淨土。我想，學佛能夠證到這種聖果，雖然不是成佛作祖，也算有莫大的利益了。

現代的醫學發達，有許許多多葯品使人能夠安樂死，這跟自在往生有天壤之別。站在佛教的觀點看，後者等於自殺，犯了佛戒之首——殺生戒，這樣反而會下地獄，而絕對不同於

信佛的福報。

報載美國賓州一位八十老翁，名叫尙蓋格，花了四千五百塊美元，替自己買塊墓碑，不僅如此，他還先替自己舉行葬禮，其間沒有淚水和哀傷，反而一片笑聲，果汁和餅干。他不認為人活著，絕對不能先辦喪禮，於是，朋友們和家人也都來讚頌，而且開心地笑了。我看到這裡，既不認為他滑稽，也不認為他是老頑童、惡作劇？相反地，我非常敬佩他有開朗自在的心，因爲人人談死很惶恐，也會戰戰兢兢，而他卻以平常心視之。

我想，這種人連死都看得開，其他還有什麼事看不開呢？他以老邁的身體，不待在家裡休憩，反而天天開車到自己的公司上班，根本不把死放在眼裡，來日也一定灑脫地去，安祥地瞑目，簡直修持到家了。

怎樣找回自己呢？

記得有一段話在佛書裡常常被人引用——某日，釋尊在一座樹林的一棵樹下坐著。剛巧有三十位年輕王子，各個帶著年輕的妻子來樹林裡野餐玩樂。其中，有一個未婚王子攜帶一名妓女同來。當大家正在作樂的時候，這個妓女趁機偷了珍貴的物品逃走。

王子們四下尋找，有些走到釋尊面前，問有沒有看到這個女人？釋尊問他們什麼事？不久聽完對方的解釋，釋尊反問他們：「年輕人啊，你們以為找尋一個女人重要？還是找回自己更重要呢？」

我每次讀到「找回自己」，就非常讚嘆釋尊的苦口婆心，也意識到「找回自己」是何等重要。不說它對釋尊時代的人重要，對現代人也重要，對眼前的國人尤其重要。

釋尊所謂「找回自己」，有人意味是佛性，因為『大般涅槃經』上說，人人天生有一顆寶珠——佛性，釋尊才鼓勵被貪瞋癡迷失的世人早日尋回。

說得沒錯，釋尊並說每人的佛性是同質同量，大小輕重都相等。每個人的佛性都是寶物，可以等價齊觀。

但是，個人的根性、因緣和福報都不一樣。如果用現代的話說，縱使每個人的財富、地位、身份、天資、志趣等都不同，但是，做人都要有原則，做事要有立場，生活要有理想，不要做同一化的社會成員，不必扮演平均化的人生角色，應該要扮演一個真正屬於「自己的」的角色，也就是「找回自己」的原意才對。

現在，國人雖然不必像農業社會那樣，被迫遵守傳統、習俗和世襲的價值觀念，例如不必自幼開始學習循規蹈矩的態度。但在各種完善制度，與統一的社會觀念下，大家也不自覺地迷失了自己，變成平均化和同一化的人生觀；甚至有些人完全失去自己的方向，而有些人還掙扎在自我與社會的衝突裡，也快要失去「自己的」特徵了。

譬如在升學主義的社會觀念下，有幾人敢做「拒絕聯考的小子」，而不加入大小不同的聯合招生？除了忙於考試，準備教材，那有時間精力和興致去擴充常識，豐富自我呢？所以，現代的年輕人幾乎都得找回自己，別讓那顆天生光亮的寶珠黯淡。

只要不傷害別人，影響社會的利益，稍有些離經叛道，勇於反對體制，也不是大逆不道。毋寧說，那才是一個真正肯定自己的人，例如在「貪婪島」上，不要同流合污，又有什麼不對呢？本來，社會就是要容納無數異質的成員，社會價值也包括各種非同一化的思想觀念，多彩多姿，百花齊放，不要在大勢所趨下，變成一根弱草，望風披靡，簡直失去了存在。此時，不是要振作自己，屹立起來嗎？所以，學佛要找回自己的佛性，也包括自己失去或快要失去的價值、志氣與理想。

『雜譬喻經』有一段話值得深思。它提到一位名叫耆婆的名醫，深獲釋尊的信賴。因爲他懂得天下一切草木，都有它的用處。天下百病，他都有自信醫好。原因是，他擅用每種草木的功能與特性，而絕不厚此薄彼。難怪天下草木聽說他死了，都在悲嘆，從此再也無人懂得自己的功用了。

草木的悲嘆，情有可原，因為它們沒有四肢，不能自由活動，任意發揮特質。相反地，生為萬物之靈，難得做人，居然要作賤自我，不會主動發揚自我，這樣跟草木何異呢？

大約二十五年前，我聽過一位日本教授嘆息，太平洋戰爭期間，軍部控制所有報紙、雜誌和收音機等大衆媒體，編造同一種宣傳內容，讓舉國上下的所有思想觀念全趨一致，等於削弱個人的批判力，抹殺自我的思考價值，徹底造成「一億總白痴」的日本人；如今在強大的資本主義體制下，個人已顯得十分渺小，表現充份的無力感，也逐漸失去原先的自己，例如沒有自己的人生觀、職業觀、思想模式，再也不是有勇氣發揮自我的好漢了。

回憶這段話，我不禁想起現代的中國人何嘗例外呢？一味抄襲、模仿，而不去創造發明，或凸顯自己的莊嚴存在，這樣的文化有什麼稀奇呢？

肯定自己不是要做什麼大官或大事，也不是要到大庭廣衆之前做秀，而是觀念上要獨立，懂得再平凡的人，也有不平凡的自己。報載幾個升斗小民，也有莊嚴的自己，我看了非常感動。

美國有一位房地產大亨的下堂妻，名叫伊凡娜，曾經向記者說：「年輕時，我一心要征服世界，如今年歲增長，生活中有其他重點，才比較曉得為自己而活。例如沒事時，多欣賞自己栽植的玫瑰。」可見她找回自己了，懂得為自己活，也懂得欣賞自己種的玫瑰花，而不想在衆人面前唯唯是諾。

台灣有一個老兵，活得有骨氣又自在，因爲他會用一把茅草，做出栩栩如生的草蜻蜓和蚱蜢吸引人，他的同伴製造草蚱蜢每隻高喊一、兩百元，一本萬利，賺了大錢，而他自視「作品即是藝術品」，識貨的人就是知己，知己不多，所以售價不要高，只要自己能糊口即可。在貪婪島上，一切向錢看，居然也有這樣不要錢的不平凡人。像他不是惟我獨尊的人嗎？不是沒有失去「自己」的人嗎？

西班牙一位不頂出名的女畫家，卻有一位舉世聞名的畫家爸爸——畢加索，她的天資有限，成就不如爸爸，但卻不忘死去的老爸，告訴過她的一句話：「你不必模仿別人，應該畫出自己的作品，並且由自己判斷作品好不好。」這也是教她不必自卑，一定要尊重自己的一句金言。

「找回自己」也意味獨立性格的重要，一般來說，西方人比較傾向個人主義。例如美國人從呱呱落地的嬰孩起，就獨睡一床，學齡前開始，就有自己的零用錢，也可以完全自主零用，上中學起，就學習賺錢。至於以後選讀那個科系、做什麼行業，或有什麼打算，也完全由自己決定。這樣，比較容易凸顯自我的存在。例如，有自己的價值觀、批判力與思考力，而不是同一化、平均化的社會成員。

佛陀出生時，傳說曾經繞行七步，環視四周，向旁人說：「天上天下，惟我獨尊。」意思是，宣告自我獨立。

其實，有無這回事並不重要。它只投射這個世上的每一人，都不是一無是處，誰一生下來，都有可貴而美好的本質，一生之中，不要忽視它的存在，一旦迷失，就要趕緊找回來，如此而已。但願我們都能照樣大聲唸一遍：「天上天下，惟我獨尊。」

當年，釋尊反問那群年輕王子，找回自己重要嗎？答案如同上述。最令人感動的是，佛陀八十高齡，帶著衰弱的病體，來到拘尸那城的沙羅雙樹下，還再三教誡身邊的弟子們：「你們必須要以自己為燈火，以自己為依靠，不要依賴別人。」

在佛陀眼裡，自己是多麼了不起，別人是靠不住的，修行與成佛都是自己的事，不是做給別人看，或者要靠別人打分數。

在台灣，聽說許多人沈迷於五光十色的燈紅酒綠中，但是，仍有少數人悄悄地退回家裡，享受新時代的「保守」生活——享受親情，珍惜大自然，惜情愛物、尊重生命，他們被稱為新保守主義。我聽到一位新保守主義者說：

「別人的生活方式，跟自己何關？何必豔羨？惟有自己才是應該清楚，也應該負責，怎樣生活才會讓自己快樂的人。生活與快樂，有時像小魚作畫，只要心裡明白繪畫的主題是快樂，那麼，別人看不看得懂，欣不欣賞，那是他家的事………。」

雖然，這個群族人數愈來愈多，理論也許會逐漸增加，無疑地，勇敢地找回自己，回歸內在的自我，努力開發潛在的自我，才是最令我賞識，也是佛法的「自己」。

有一次，星雲大師說：「現代人要快把心找回來，而且要從自己開始。」

我心裏在尋思：「難道我沒有心了嗎？」

原來，大師所謂找回自己的心，是要大家都要心中有主——決心做共生的地球人、同體的慈悲人、明理的智慧人、有力的忍耐人、布施的結緣人。「自己」竟能扮演多樣角色，潛伏多樣能耐，大家豈可小看「自己」嗎？

善知識眞難遇

錫蘭籍的照初法師懂得多種語言，英語流暢當然不在話下。他連東方的越南話、日本話，和中國話都說得琅琅上口，讓周遭的佛友們由衷地讚嘆。

因此，我每去菩提寺，都有機會遇見外國人進出，很欣喜他能面對面向老外講經說法，可以不再讓他們誤解佛法為東方的邪教了。

其中，一位名叫喬治的白人佛教徒，我在菩提寺見過好幾次。他的臉孔削瘦，年約六十出頭，步伐緩慢，有出塵的風貌；但他的衣裳接近襤褸，平常幾乎聽不見他說話。他每次開一部中古福特車來，乍見下，他彷佛武俠片的丐幫弟子，只是手上沒有傢伙罷了。凡跟他深談過的人，都知他是真人不露相，在佛教的「信解行證」方面，他很擅長「解」字，他那精闢的正解，實在讓我汗顏。

我心想，一則出於他的善根紮實，又肯耕福田，二則得力西方教育環境，和個人的殊勝因緣，才使他成為信受篤實的佛教徒，真正享受到其他美國人不明白的法喜。

當時，喬治任教一所高中，一有空就義務上菩提寺教授新移民說英語。聽說他教授外國人學英文有獨特的指導秘訣，因他能讓學生們得到意外進步，這是學生們透露的。每次授課時，他會順便講些佛法，指導新移民怎樣適應新環境，並闡述美國社會的特性，鼓勵他們面對現實，迎向挑戰。新移民在美國不僅要重視奮鬥，肯定自己；每天也要精進學識，和專業能力。無疑地，這是跟東方社會最大不同的文化環境，他肯諄諄講授美國的生活常識，也是頂好的法布施，和無畏施，對新來的東方移民有迫切的需要。

一位鄧姓佛友透露，喬治出身天主教家庭，父母親早期來自歐洲。他大學畢業不久，適逢越戰爆發，他也被征去參戰。在一次假期裡，他到東京結識目前名叫春子的日本太太。婚後生下一個兒子，當然受到日藉妻子的影響，他才會從天主教改信佛教。不過，他知道日本儘管有一群優秀的佛學者，卻不似中國有過卓越的大乘修行者，這可以說是中、日兩國佛教的不同走向。但是，有一年，他特地到台灣參觀幾家佛教寺廟，想要印證他理解中的佛教修行是怎麼回事？聽說他觀察後頗有心得，也結緣幾位台灣的在家居士，直到目前仍跟他們保持聯絡，交換學佛心得。

這樣看來，喬治倒不失為正信的佛教徒，也跟東方文化有深厚的因緣。尤其，他跟南傳佛教出身的照初法師結緣後，沒有語言障礙，不消說，也有意外的收穫，可見他的佛緣和善根蠻不錯。這些是跟他深談前，從側面聽來的粗淺了解。至於他修持的詳情，直到那天在朋友的派對裡，才有深一層的印證。

住在洛城，除了嚴冬一段極短日子，要多穿兩件衣服，其他任何一天幾乎都豔陽高照，僅披一件上衫加內衣，就足足有餘，這是我個人的經驗。剛巧那天午後，陰雨濛濛，吹起微風，好像台灣初夏的天氣。我早在兩週前接到一份喜帖，女方是內人十多年前，在新竹縣某中學教過的學生，她也是佛教徒，來到洛城在一次寺廟法會裡重逢，彼此留下地址電話。之後，她偶而也來電話寒暄，但不曾來訪。誰知那天會忽然接到她的喜帖。待我應約出席時，事有湊巧，在那裡碰見喬治了，他說也是應女方的邀請來的。於是，我們就選在同桌結鄰坐下了。

出菜前，我們開始談話，幾乎繞著佛學和東西方文化的問題閒聊。當時，我問他在學佛體驗裡，那些最令他感興趣？對佛教在美國的前景怎樣預測？誰知他一開始，就回答後面的問題。他說話慢條斯理，也夾幾句日本話，才讓我充分掌握得他的旨趣。

說真的，天主教跟佛教幾乎找不到相同點。勿寧說，佛教是佛教，天主教是天主教，勉強說得上相似的，就是讓人的精神安寧。但是，天主教徒在心情絕望時，除了祈求天主，包括死後歸屬，全得靠天主以外，再沒有其他的路了，而這一點不太適合美國人。反而是佛教重視自我的潛力，一切靠自己，甚至靠自己努力也能轉移業力的嚴格控制；這些很符合美國人獨立的習性。

佛教既尊重世間法，也不放棄出世間法。當然，出世間法要靠實修感應來佐證。佛教解釋問題的答案最圓滿，簡直無懈可擊。這也是佛教高明的地方，可以不落兩邊。

我說很同意他的看法，半晌，他接著又說：

「最令我著迷的部份，莫過於因果了。因為它是不著相、遍佈宇宙，不離時空的範圍，凡是世間的變化，都不離因果。只要世人都理解它，因果絕對勝過道德力量，足以彌補法律的薄弱性。我常想，怎樣讓美國人了解這個佛法的特質之一呢？因為它對社會安寧的重要性，簡直說不盡……」

不待他說完，我插話請他舉證說明。他只說了幾句，就開始挾菜了。在邊吃邊談中，我記得他說了下面的話。

在美國，自由民主的幅度極大，幾乎很難看出它的負面效果。譬如極少數人絕頂聰明，又有極好的社會背景，做任何事情，只要修飾些動聽的話，透過大衆媒體的喧嚷，就會讓老百姓如醉如迷，但天知道他的動機在那裡？平時說得頭頭是道，做的事業也不犯法，殊不知結果會害死人，但表面上誰也看不出來，他在法律上不必負責，也找不到那條法律可以整他？純粹是另一種「無艮心犯」，只有仰賴因果的不著相才能徹底根治他們。問題是，怎樣讓他們信受因果而已。

例如，上次波斯灣戰爭，雖然只打了個把月，卻用掉北大西洋公約國準備對付蘇聯的庫存炸彈，死了十幾萬人，局外人也在哀嘆，但是，對先進國家的軍火工廠，等於車水杯薪，被迫解僱幾萬員工，少收入多少巨款？政客們眼見失業率上升，選戰上希望渺茫，不利自己升官慾望，不得不跟軍火商搭配，在「和平使者」的美名下，穿梭全球各地，實際上唯恐天下不亂，伺機推銷無人道的殺人武器。

亞洲開發中國家也一樣，媒體上的人物看來好像替老百姓做多少事，實際上只有他心裏明白，好像這樣為官為商的行業，正是違反佛教的「正命」，百姓拿他們沒辦法，不靠因果自負，又能怎樣？

其間，我問到他的酒量？他搖搖頭，只說是胃腸不太好，但我猜，他也許在實踐「飲酒戒」！我又問他改信佛教的直接原因是什麼？他笑一笑，半晌後才說：

「表面上，別人都說我受太太的影響，因為她是日蓮宗信徒；其實，真正讓我心動的是，你知道嗎？我是讀地球物理的，起先，我只在太太鼓勵下看佛書，重在知解和興趣，談不到信仰。但有一次，我讀到佛經上的『大千三千世界』，它籠統地解說三十三天外，又有多少個世界。釋尊已經描畫出整個宇宙形象了。在我的專業知識裏，所知道的也只是這些，兩者雖然不完全相等，但非常相似，何況，佛法也說宇宙變化有因緣和合，以前跟現在不可能相等，情況一直在變，但我又退一步想，佛陀證出來的法，遠在兩千五百年前，而今天人類科技發展的頂點，也只能指出這個樣子，不比佛陀說的高明到那裡。每次想到這兒，我真是心服口服，也聯想到佛陀證出來的其他部份，也一定超越時空，而不是眼前的人所能理解，這就是我信佛的原因了。說真的，『信解行證』的學佛秩序不固定，我自己顯然從『解』門進入，之後起信，行和證還談不上……。」

一桌坐滿了十位賓客，除了我和喬治，全力放在佛法交談，不太理會旁人，而別人似乎也不敢妨礙我們。這樣，我們也樂得輕鬆。而且，我們也知道惜時惜福，不閒話家常。我問喬治平時愛看那些經典？有何感想呢？誰知他的回答令我感慨得很，他說：

「多讀佛書，對印證佛果沒有太大關係。勿寧說，反而會讓人在佛學上愈陷愈深，享受知識樂趣而已。與其這樣，我不如專心自己的地球物理，免得又要記憶許多佛學術語。而且，讀通我的本行，還能找到高薪的工作，學佛的目的不在讀經……我最愛談『阿含經』，原因是，我想了解佛陀當初到底還談些什麼？其中，我比較喜歡南傳的『阿含』，可能是它比較純粹吧！」

之後，他說每年暑假都去日本，在太太娘家小住，我問他對日本佛教狀況有何看法？他說：

「當然，日本的佛學研究居世界牛耳，惟獨在解脫『行』比較差些。譬如佛法強調菩提心，尤其，在大乘佛教的國家，日本人偏狹的民族主義思想，正需要菩提心來融合調配，擴充他們的感情層面，打倒根深蒂固的民族分別心。因為在基本上，日本近代文化得自歐洲，現代才傾向美國，心理上對西方先進國家懷有潛在自卑感，而事實上他們位於東北亞，乃是標準的亞洲人。可惜，他們又羞與亞洲人為伍，高度的自大狂，使他們的『我執』太重了。

這樣極端高低的分別心，只有靠佛法來對治。不然，大和民族縱使科技和經濟成就，駕凌世界各國，成爲世界的一級棒，也許照樣不能以德服人？說來說去，凡事要靠自己努力，日本人如果不知落實菩提心，剷除我執，最後也難逃因果，我想是這樣吧？」

那天的晚宴拖到十點半，我跟喬治交換學佛心得，無疑是那天的最大收穫。從那次以後，我跟喬治的交往更頻繁了。當然，我也從他的心得中領悟不少東西。學佛不是讀書，也不是做秀，不一定要讀通很多經書，或理解多少教理。不說別的，光是一條「不打誑語」戒，誰都知道它是什麼意思。縱使有人讀通幾部佛經，心得很多，開口能說，動筆也能寫，倘若暗地裡撒謊，或吹噓，這樣還學什麼佛呢？證悟生死也更別提了。從實踐才能生智慧，沒有智慧來觀照自我，那麼，生死之謎是證不出來的。

佛法難聞，善知識也難逢，眼前若有機會，就千萬要懂得惜緣和多聞了。

禪茶一體的奧秘

我住在台灣時，適逢政府開放出國觀光，國人喜不自盡，連我居住的新竹縣鄉間，也有一批又一批的阿公阿婆，都先後去了東北亞，尤其不忘日本東京等名勝區；但是，有些人回來失望地說：「日本沒什麼好玩，只有東京銀座、新宿和幾個大車站等處熱鬧，玩得盡興……」我聽了毫不猶豫地建議：

「若想觀光風景地區，就不必去日本，反正都一樣是島國，自然景象大同小異。例如，高樓大厦，也只是大都會的車站一帶才有，人擠人也在那兒。老實說，這種景象台灣也有呀……」

其實，我要他們多留心日本人的軟體建設，也就是文化生活。只要仔細觀察，不僅會發覺他們跟國人大異其趣；所謂同文同種，就要往非常廣義方面去理解，若只看硬體，恐怕所得極有限，例如，狹窄的房子有什麼好羨慕？一切都是小兒科，也許會讓國人失望。

可惜，那些鄰居朋友都不賞識我的建議，也不認為日本人的生活與文化有那麼重要，我們吃米飯、用筷子，他們還不是一樣？我們用漢字，他們的報章雜誌也有半數左右的漢字。反正同文同種，毫無區別，頂多他們強在科技方面罷了。這是我那些親友們的思考境界，也許不止他們吧？直到現在，我還這樣尋思疑問。

談到日本人的生活與文化，這是很嚴肅而複雜的命題，我不便在此贅述。我只想拿日本人「喝茶」這件事來說，也許能從他們喝茶、品茶或飲茶裡看出一些端倪和奧妙。

在黑松、蘋果西打和沙士等化學飲料，尚未在台灣大行其道以前，有過相當長的時間，我家裡的日常解渴，都仰賴大罐的茶水，一年到頭擺在餐桌上，口渴時自己倒，喝茶或飲茶，司空見慣。同時，也不覺得喝茶有什麼奧妙或文化意義，只覺得茶味苦澀，極有解渴功能而已。

我學佛以後，也慢慢注意到禪宗，尤其，注意日本佛教裡，禪宗幾乎成了佛門的顯學。這樣以心傳心，不立文字的玩意，居然能在日常生活裡派得上用場，而且奧妙無窮，既能美化人生，又可以調節和健康身心，在日新月異的日本工業化社會裏，禪的功用照樣遍及生活的各個習慣細節，例如喝茶也跟禪機扯上關係，我不由得吃驚極了。

說真的，我對喝茶的理解程度，只停在口渴時，立刻倒滿一大杯，咕嚕咕嚕灌入喉嚨而已。有一次，我作客在東京篠原社長家裡，那天適逢假日，大家心裡比較沒有壓迫感。早餐開始前，篠原太太正在倒茶，忽然問我體驗過日本茶道嗎？我迷惑地搖頭，心想：「喝茶還有什麼道理呢？這樣簡單的事件，難道又有什麼學問嗎？」

也許她懂我的意思，馬上跟篠原社長商量，然後建議先示範一遍，接著一塊兒體驗如何？我當然同意，不僅好奇心可以解決，誠如篠原社長說，這也是佛化生活之一，我反而覺得很納悶，但可以趁機體驗什麼是茶道？它怎麼跟禪有關係呢？

篠原夫婦示範兩遍，接著教我照做每個動作，我也煞有其事，絲毫不敢大意。勿寧說，我也像他們一樣，凝神靜氣，認真地體驗一番了。詳細過程不想在這裡多提，不過，我卻得到啟示了。我事後估計，從頭到尾喝完一杯茶，也是自己體驗的茶道過程，前後大約花半個多時辰。依照平常習慣，喝杯溫茶不要半分鐘，頂多五秒鐘，何必需要這樣長時間呢？

多年以後，依我粗淺的理解，它極富佛法的禪機，其中有禪味，動作看似單純滑稽，無如，在極緩慢，看似無意義的動作中，目的要人靜下心來，也要自然自在；在品茶時有泰山崩於前，也不改色，心地要像白紙一樣。

有了禪境，茶味就不是苦澀，也不是甜味，勿寧說，那是禪味，心曠神怡，意境超脫，……這樣文字敍述，當然不易領會茶文化和禪味的奧妙在那裡？的確，有禪經驗的人，不論思考、做事和處世態度，都能觀照透徹，富有彈性的。

不消說，禪宗是從中國傳去，但不表示師父一定比弟子高強，尤其在活用禪道方面，不止青出於藍，也實在比中國發達太多了。現代人所謂生活範圍十分繁雜，而日本人對禪道的應用，也幾乎無所不包，遍及各處。在日本住久的外國人，如果留心觀察，也都會同聲讚嘆，表示確有其事。

在日本，茶與禪的淵源頗深。據說當年榮西禪師最先從中國帶回茶苗，大力栽培，也到各地推廣，好讓修行僧打坐參禪時，得以恢復疲憊的身心。榮西禪師說：「茶是調整心律，強化內臟、寧靜心靈的良藥。」茶與禪的關係密不可分。

另有一人叫做千利休，在日本被尊為「天下第一茶人」，也正是茶道大師。他曾到大德寺學禪，有一天，他說：

「小室的茶道，乃是第一佛法修行得道。運水取薪，燒水點茶，供佛施人，我亦飲；插花焚香，皆學佛祖行跡。」

萬籟俱寂中，輕輕地點茶飲茶，天地無限的禪機，即刻湧現於體內。學過禪的人，都容易得到忙裡偷閒的從容心情。

大家知道趙州禪師，禪功非比尋常。有一次，一位僧人來訪，趙州問他：「以前來過這裡嗎？」

「來過。」對方回答。

「喫茶去。」趙州說。

又有一次，另一僧侶來訪時，趙州照樣問：「以前來過這裡嗎？」

「不曾來過。」

「喫茶去。」趙州說。

可見他的心境彷彿萬里晴空，善用平等心待人。對於來過與未曾來過的人，一律以「喫茶去」相待，意思是，四海皆兄弟，有什麼好計較呢？為人能做到這樣，實在不容易。

日本的投子禪師在稽山潛心修行，門徒裡有一個年輕僧人，一天砍柴回來，汗流浹背，禪師倒茶遞給他，同時說道：

「森羅萬象，都在這裡。」

年輕弟子突然把茶潑掉，大聲喝道：

「森羅萬象，在那裡呀？」

禪師心平氣和，喃喃地說：

「可惜一杯茶。」

意指人生每個生活細節，每時每刻，都該仔細體會「一杯茶」裡的禪意。可惜，像我這樣禪功不高的凡夫，應該加倍精進「一杯茶」的禪意才對。

還有一位日本總持寺的開山和尚——瑩山禪師，年輕時在微通禪師門下學道。對於老師的教誡，常能自力突破，也得到印證。

有一次，當他得到老師的印證時，不禁喊出一首詩偈：

「逢茶喫茶，逢飯吃飯。」

意指人生面對厭惡、難堪乃無可避免的事，都要用平常心處之，因為那些是儼然的存在，懂得自處才好。若用這番心情過日子，人生多麼美好。

當然，一群禪師們的高度禪境，不是每個日本人都擁有；但日本的禪堂普遍存在，成為高官和巨富們常去養精蓄銳的佳處。日本不論都會或小鎮，都有喫茶店，那裡雖然不是打坐或類似國內的茶室，供人玩樂；但是，一杯茶的價錢，也不似家裡的那樣等閒，因為純喫茶也等於大衆化的社交場所。但在多數喫茶店內，不像國內的喫茶店那樣吵雜。反之，日本喫茶店比較雅靜，也富有情調，顧客說話頗能自制。我心想，也許融合喫茶店與禪道的緣故，方便顧客飲茶之餘，才能安享鬧中有靜的情趣，好讓店內洋溢可貴的禪風。

不論從禪境看飲茶，或由飲茶體會禪味，都表示人應該有寧靜與清淨，沒有妄念邪見，好從紛擾憂煩的生活裡，保持一刻清醒，不要把所有時間與精神，放在貪瞋痴上打轉，以免失去生命中最優美和寶貴的資產——佛性。

我在學佛前後，平時的飲茶習慣有很大的改變；學佛前，我喝茶一大杯，旨在解渴。自從有了坐禪的心得，也能慢慢從飲茶裡領略若干妙用；不論情意和心態上，都能盡量享受鬆弛，不必匆忙，多少也體驗茶道的莊嚴，和禪機奧妙。我的功力雖淺，日久必有可觀的效果——生活自在、樂觀進取，才能讓自我常常發出珍貴的芳香。

神通靠不住

前些日，非常殊勝的因緣，讓我認識一位蔣姓的善知識，他也是洛杉磯一家寺廟的大護法。二十年前他從香港移民來此，如今在一家建設公司擔任總工程師。他學佛十幾年，卻自謙對佛學研究不深，但很著重修行。所以，他樂意邀請十幾位佛友到他家裡，交換修行心得，也想互相砌磋，希望彼此分享法喜。他說這是金錢買不到的。他說得也是，我才在百忙中抽空去了。

十五位佛友。都熱烈發言，暢談自己的心得。大家都很熱心，但除了我以外，居然有大半數的佛友，反而津津樂道學佛的神通與奇蹟，似乎把法喜和心得全都貫注在這方面；而且，他們指名道姓眼前幾位響叮噹的佛教界人物，也證有神通。因爲他們經常在東南亞和北美之間來回，樸樸風塵，宣揚神通。慕名前訪者，趨之若鶩。我心想，各種宗教都有不可思議的神通部份，那也許是宗教最重要的特質之一，但是，佛教的重點不在這裡。勿寧說，在佛法的所有精華裡，絕對沒有神通成份。奇怪的是，許多現代人彷佛古代人，也迷戀神通和奇蹟了。倘若目的僅止於此，那不一定要學佛，信仰其他教派也許可得到更多神通。

像日本的科學文明和知識水平都很高竿，二十多年前，東京幾處大車站附近，早有大排長龍的年輕人在求神問卜，嚮往奇蹟。近年來，日本社會結構劇變，民衆出現許多適應不良症，連心理醫師也莫可奈何了。據說有一群美國的通靈師，也紛紛到桃太郎的家鄉開拓市場，套用「宇宙之神」，「科技奇蹟」等現代名詞，拐幾個彎，賣幾個巧，照樣在吹噓靈界的力量無邊；還把動物治療法也活用在求神問卜者身上，藉此發揮自炫的美國式神通，讓對方得到很多慰藉。沒料到山姆大叔這套真假摻雜的神通，竟然在日本大行其道，橫掃日本人的心靈市場了。

基督教講神通或奇蹟，目的在證明耶穌不愧為「救世主」，聖經記載耶穌能起死回生，好像拉薩勒的例子，目的是讓信徒放心一切，只要信仰耶穌，自然萬事平安，順利得救，這在心態上跟佛教的神通不一樣。

從佛經故事裡，偶然可見佛陀也會展現神通，不過，佛是把它當做善巧方便而已，因爲神通本身微不足道；它既不究竟，也當然不值得炫耀了。而且，佛法的根本在因果、業力和緣起；縱使有神通也難逃果報的。最顯著例子是目犍連，他在佛陀門下稱「神通第一」，結果也死在外道們的杖石下，而不曾展現神通脫離業報。還有『法句譬喻經』一段話，指出婆羅門四兄弟，各證得五神通了，他們能知曉人心與性命，眼睛能看到千里外的事物；只要叫到某人的名字；對方會隨時跑前來，連石牆也擋不住。這樣看來，這些能耐的確非同小可。也算很大的神通了，可惜，他們明白自己的壽命僅剩下七天。於是，兄弟們商量怎樣逃離生命大限?所以,每人都自認本領了得,能夠上天入海,遁入地底,故不很在乎生命的限期已到。不料,四人最後依舊難逃定業。釋尊趁機開示,人生難逃果報,再大神通也不例外。

原始佛教有一條戒律,就是禁止比丘誇耀自己的異能,犯者會被逐出僧團,因為神通的性質等於一種權力,而一般人很容易濫用權力。同時,世人對神通也相當崇拜,表示它有莫大的誘惑力,倘若世人都學佛,只為證神通,不是捨本逐末,忘了解脫行嗎?

『長阿含嵬夷經』上也說,釋尊料事準確,萬無一失。有一次,一個名叫波梨子的外道,揚言要跟釋尊比賽神通,而釋尊被迫出來應戰時,那個大言不慚的外道反而聞風逃跑。看熱鬧的群衆裡,一個人名叫頭摩,忍不住做短詩嘲笑波梨子說:

「野狐怎配做萬獸之王——獅子呢?你妄想當獅子,其實是條野狐罷了。」

意思是,波梨子的神通根本不是釋尊的敵手,但是,釋尊不輕言神通了得,也很少顯神通,態度一直很愼重。

佛敎的立場是,凡夫只能證得五通——宿命通、天眼通、他心通、天耳通和神足通,而出世的聖人,包括佛在內,除了上述五通,還可兼有漏盡通。根據『大寶積經卷八十六載』,如來有三種神通變化,就是說法神變、教誡神變和神通神變,而神通神變是指如來為了調伏憍慢衆生,或現一身而作多身,或現多身而作一身,山崖石壁出入無礙,身上出火,身下出水;或身下出火,身上出水;或入地如水,履水如地等,用各種神變調伏衆生。

照理說，釋尊證得漏盡通，等於斷盡一切有漏煩惱，依止靜慮而示現威德，永離生死輪迴，這種神通非同小可，而釋尊也不曾諄諄教誡衆生要朝這個方向修行。總之，神通不是究竟目標，否則，釋尊生病也無須請名醫——耆婆來醫治，只靠自己的神通就夠了。在中國百姓的眼裡，神通無異道教的長生不老，怎麼也不會死，佛法無邊，到現在也有肉身存在。現代人的知識水平較高，所嚮往的神通當然不是這種。中國佛教史上，所謂高僧大德，尤其近代修持有成的印光、弘一或大虛等大師，甚至圓寂不久的慈航法師、廣欽老和尚等，也不曾聽說有什麼神通，而他們往生自在，甚至預知時至，不是比神通更令人羨慕嗎？

別忘了學佛是求解脫、證生死；說得淺白些，不外生活自在，看破放下，不要執著，而不是什麼奇蹟或神通。倘若執迷神通，這跟活在神話時代有什麼不同呢？說真的，應用心理學的領域裡，像催眠術，也能充分活用潛意功能，多少近乎奇蹟。然而，它既非宗教，只是學術研究罷了。求解脫要在戒、定、慧下功夫，而慧的修行足以觀照人的內涵，學佛的人應該全力在戒、定、慧方面才對。

現代科技發達，許多佛經記載的神通，都被電子飛機和太空船等逐一破解，所剩的神通空間愈來愈狹小了。所謂預言、超能力，驚天動地，神光鬼影等，不過是海市蜃樓，不信為妙。勿寧說，真正神通不外大智慧、正知見和證菩提。學佛修行也不離吃飯睡覺，起居正常，精神爽快，無憂自在罷了。

怎樣落實平等智呢？

軍隊裡，官和兵的階級分明；官是官，兵是兵，而且一個命令，一個動作；軍令如山，不能討價還價。三十年前，我在左營預官受訓，班主任是上校軍階，平時很有威嚴。

有一天，他督導我們五十位預官，在兩個時辰內必須清掃洗臉台前不遠，有一條又臭又髒的排水溝。我們抵達現場，目睹水溝裡的髒水深達膝蓋，烈日下奇臭無比，雖然，大家脫掉鞋襪，但誰也不願率先下去。

當時，你看著我，我看著你，明知這是上級交代的任務，而且限時要清完，可是，水溝實在太髒，還沒下去就幾乎令人嘔吐了。班主任連聲催促，大家也只有極緩慢地移動。不消說，心裡卻是百般不願意。

這時，誰也沒料到班主任在隊伍後面，早已脫下長褲和鞋襪，閃到隊伍前，迅速地跳進水溝裡了。大家吃驚之下，突然起了莫名的感動，再也不顧臭氣和汚水，才砰砰地擁前去跳入汚水溝裏。大家立刻陪同班主任埋著頭，把雙手插進水裡，並將大把大把的髒物撈上來。果然，人多好辦事，但見七手八腳，不到一個時辰，就把臭水溝清好交差了。

事後，我們都默默地得到一個共識，任務能夠迅速又圓滿地完成，最大關鍵是，班主任親自下水，身敎重於一切，讓大家感受都一樣，這是佛敎的平等智，與無分別心。它跟慢心對立，在團隊裡有正面的意義。

古今中外兵法裡，都提到主帥或指揮官身先士卒，最能鼓舞士氣，打動人心，甚至能使部隊轉敗為勝，改變整個戰局。

佛經上常見釋尊示現慈悲，有時用很動人的平等姿態，跟常人一樣，表現在弟子們和群衆裡。本來，像釋尊那樣大徹大悟，證得各種智慧，在弟子們眼裡，彷彿天那樣高，連國王、大臣、長者、學者等，看見釋尊都要頂禮佛的腳，也把他看成一座莊嚴雄偉的須彌山。照現代人想起來，佛在世時，一定也跟大廟的住持方丈一樣，有衣缽師、侍者師，平時有人侍候，自己什麼也不必動手。

其實不然，佛經上說，有一天，釋尊看到地面不淸潔，自己就拿起掃帚掃地，弟子們見了也來幫忙，結果，很快把地面打掃乾淨。我想，這證明佛陀不會自恃身份，不把師尊跟弟子的地位劃分淸楚，反而相當尊重弟子們有豐富的佛性，遲早也能成佛，不會比自己差勁，只是時間早晚而已。

又有一次，釋尊和阿難出外遊行，路上碰到一個喝醉酒的弟子，躺在地上不醒人事。釋尊趕緊叫阿難抬腳，自己抬頭，一直抬到井邊，拿桶去汲水，才叫阿難把他洗滌乾淨。

又有一天，釋尊看見門前的木頭橫楣壞了，自己立刻動手去修補。

佛經上說，一個弟子生病，沒人去照應，釋尊問他為什麼這樣？那個弟子答說：

「以前別人患病，自己不曾發心去照應他：現在自己患病，當然，別人也不會來。」

釋尊聽了立刻說：

「既然這樣，我來照料你便了。」

釋尊即刻將病人的大小便等污穢，親手洗滌乾淨，還將他的床鋪整理清潔，然後扶他上床。

彌陀經記載一位弟子，叫做阿嵬樓陀，雙目失明，不會料理自己，釋尊走過來替他裁量衣服……。有一次，釋尊看見一位老比丘眼睛昏花，穿針線縫衣有困難，嘴裡叫著「誰肯來幫我穿針線？」

釋尊剛巧走進來，聽了馬上答說：

「我來幫你穿線。」

印度社會是很奇特的社會，階級觀念根深蒂固，人民和統治者都存在不平等，上下分別非常嚴厲；意識形態明顯的尊與卑，貴與賤。高階層很難擁有脫俗的無分別心，反而充滿傲慢心、自私心和冷酷心。社會現實幾千年都如此，誰也打破不了。生為首陀羅（賤民）階級，只有自嘆無奈而已。

『長阿含小緣經』提到釋尊，有一次向一個名叫婆悉吒，另一個叫做婆羅墮的弟子談話。釋尊明白指責他們，堅持婆羅門族優秀，別族卑賤，不僅愚笨無知，也簡直像禽獸。佛教不承認這種俗法，也沒有高傲心，釋尊警告他們，若懷有傲慢心、不平等心，或分別心，就不能領悟正法，進入悟境。釋尊舉例說明，任何族裔，都不乏十惡之徒，不止存在首陀羅族，或居士族裡，婆羅門族裡也比比皆是。誰幹歹事，誰就有惡報，那怕他的出身、學歷、財富和官職。

我從『大莊嚴論經第七』裡，讀到釋尊向一個名叫尼提的挑水肥工人，唱出一首詩偈，叫他不必自卑自賤，鼓勵他向善學佛。那首詩偈是：

「…………

在我的佛法裡，慈悲心不分彼此

它跟外道的法不同，只要你肯信受佛法就行。

一切微妙的法門，對大衆一律平等，

施捨給芸芸衆生，一點兒也不減損。」

釋尊說的法很多，聽起來好像虛無飄渺，但它能從自己的生活態度，以及對待弟子和衆生的表現上，看出他處處替人著想，不會輕蔑低階級和低身份者，很會讓對方感到一陣溫暖，不自覺打從心底尊敬。他們一看見釋尊，才情不自禁下跪頂禮了。這樣沒有分別心，真正平等相待的佛教團體，無疑跟當時的社會現實成了強烈對比，頗能散發出極大的誘惑力。

別說古代帝王時代，人間存在歧視與差別情狀，在國內沒有落實民主政治以前，縱使法律上有平等權的保障，表示先進國家有的，我們也有，大家一樣平等，但在心態上，誠如一位學者嘆息：「上帝都可以批評，為什麼總統不能批評？」高官顯職，比上帝神仙還要高貴；老百姓承受強烈惶恐的壓力，那能有絲毫活在民主社會的溫馨？眼前，經由民選出來的首長，若不脫下權威的身段，顯露幾手跟老百姓一樣的舉止，可能讓人誤解大家還活在神權時代，以為他們都不屬於吃喝拉撒和睡覺的活生生人物呢？

從以上的例證裡，看出釋尊是一位真正的人，凡是人們生活上碰到的瑣事，他都能體驗得到。他的平等智與無分別心才會打動世人的心坎，不像外教的上帝那樣，不需要食、衣、住、行，也不知長得什麼模樣？博愛到底怎樣顯現在人間？我一直在納悶和疑問。

老實說，世間萬象那有完全一樣？面對大小、美醜、高矮、貧富等相，要有無差別感，掃除執著心，才是真正在落實佛法。「平常心是道」，這句臨濟和尚的開示，要我們不要被外境牽著鼻子走，該用自己的智慧觀照一切。

馬祖道一禪師也說：

「平常心是無造作、無是非、無取捨、無斷常、無凡無聖。」

佛法裡，不論獦獠和任何人的佛性都一樣，沒有南北的分別，這也是六祖慧能的名言。且看『大方等大集經』列舉眾生的十種平等是——眾生平等、法平等、清淨平等、布施平等、忍平等、戒平等、精進平等、禪平等、智平等、一切法清淨平等。

『華嚴經』裡提到菩薩有十種平等——一切衆生平等、一切法平等、一切刹平等、一切深心平等、一切善根平等、一切菩薩平等、一切願平等、一切波羅蜜平等、一切佛平等。菩薩若安住此法，才能得到諸佛無上平等的法。

我們學佛都想從凡夫，逐漸進入佛境，殊不知實踐平等智才是第一步，也是不二法門。俗話說不平則鳴，世界要永久和平，就得消除「大東亞主人」、「優秀日耳曼民族」之類的差別偏見。

美國居住許多族裔，大體上說，還能和平共存，完全得力法律上的平等落實，官民犯法，一律有罪。總統開車犯規，照樣要接受罰單，乖乖的到法院繳罰金。否則，像不久前洛杉磯暴亂的主因，全出在法官的種族分別心。須知一絲分別心，會毀壞多少社會成本。台灣的省籍情結，似有似無，不論怎樣，落實平等智，大家稱兄道弟，才是永遠和睦之道。

初發心也是佛

三十多年前，我在台灣的合歡山接受寒帶訓練，營區在谷底，四周積雪，一片白色世界。結訓離去時，慢慢蜿蜒下山，雪景也逐漸模糊了，據說這是初雪，雪花比較細弱。不過，我當時心想：「積雪和初雪都是雪，反正眼前才看到雪花，到了平地就看不到，還是仔細欣賞才對。」我非常珍惜那個地方，和那段時刻，因為住在平地根本見不到雪花飄舞，或白色世界。

日本的道元禪師為了激勵凡夫怠惰的心志，曾經用雪景打譬喻，毅然說出一句不朽的禪話，富有美妙的禪機：

「佛道乃——初發心時是佛道，成覺時亦佛道。」

意思是，初發心要坐禪，跟大徹大悟，兩種時刻的心態，並無不同。

只要起了坐禪辦道的心，那個時刻就算置身在佛道裡。原因是，佛道本身，即是自性現成。由此可見，人生沒有資歷的深淺，只有菩薩與凡夫兩種境界，而兩境的差距，就是執著與不執著了。

六祖慧能大師說，聰明人和愚笨者的佛性，其實沒有差別，問題出在悟與迷，才會有智愚之分。那麼，要由愚轉智，只要稍微跨過一步——初發心，就能夠度過彼岸，成佛證道了。

別小看初發心的意義，那才是真正的關鍵。因為世人的心，常常被許多污穢掩蓋著，縱使人人有佛性，也彷彿日月的光芒，一直被煙、霧、雲、塵和阿修羅的手遮住。

『大智度論第十七』指出，有五種東西會遮住人的善心，它會妨礙發育，讓人遠離佛道。那五種東西叫做五蓋，若要接近佛道，甚至要初發心，先決條件是要消除五蓋——貪慾、憤怒、睡眠、悼悔和疑心。

發不發心在一念，而那一念是了不起的，別看它只是剎那，殊不知一念有三千，凡夫在一念之間，就能具足三千世間的諸法性相。

『大乘起信論』也認為，本覺與始覺相應，才能一念相應。換句話說，剎那相應的智慧，也能頓時開悟。『法華經』很讚嘆一念隨喜，那就是皈依佛法，而生信服的心。

學佛為什麼這樣重視初發心呢？『六祖壇經』上說：

「世人性本清淨，萬法從自性生。思量一切惡事，即生一切惡行；思量一切善事，即生善行。」

「自性起一念惡，滅萬劫善因。自性起一念善，得恆沙惡盡。」

因為一旦發心向善或學佛，等於要開始消除，甚至掃盡一切不善心、嫉妒心、諂曲心、吾我心、誑妄心、輕人心、慢他心、邪見心和貢高心；前後判若兩人，可喜可賀，怎麼會不重要呢？

善根也罷，因緣也罷，都不是空穴來風，而是確有其事，也能現相的。近日報載台中市一位稅務員，平時最有機會在酒色財氣和功名權勢裡翻滾。誰知有一天，那些對他都不具有任何意義了。原因是，他發心向佛，而不再貪戀那些，接著安排家庭細節，捐出逾億家產，出家去當和尚。重要的是，他的心境空間突然浩瀚起來，世間的財色酒氣，刹那間失去意義，他因為證得喜捨心了。

不知從幾時起，我的公寓附近愈來愈多中國人居住。其中一位古姓的屏東縣人，一天深夜突然打電話來，我以為有急事，原來，他有件怪事相告，因為他的一位遠親年紀輕輕，不務正業，做了不少壞事，甚至有傷天害理的記錄，才被判成死刑。

但是，他在牢裡不知從幾時起學佛了，只知每天不停地唸「阿彌陀佛」和「大慈大悲觀世音菩薩」，等到執行時，因為有一段學佛經歷，他才吩咐家人除了自願捐出器官，也要火化屍首。家人當然照辦，誰知火化後，居然發現有些舍利子在閃亮。於是，古姓朋友問我，怎會有如此奇蹟？

我堅定地答說，這是他初發心後才有，難道你不知放下屠刀，也能立地成佛嗎？既然他自知死已成定局，想要重新做人也沒有機會，也許在懺悔與徬徨中，突然有一種震憾性的覺悟，所謂回頭是岸，佛法大慈大悲，來者不拒，照樣肯收容初發心的浪子。

古姓朋友聽了直說：「有道理」，之後才在唏噓聲中道聲晚安。

佛教重視昨日之日，譬如昨日死，而今日之日，也譬如今日之生。老實說，學佛不太強調資歷、年齡、性別和地位，只問自己到底有沒有發心？難怪舍利弗說，即使坐在深林裡苦修，倘若心裡想東想西，貪瞋痴的毒氣很熾烈，苦修幾十年又有何用呢？目標只朝向成佛證道，在真正的修持歲月裡，沒有明顯的前輩和晚輩。

譬如甲、乙兩人，同樣考取同一所國立大學的同一科系，但其中一人早一年考取，倘若考進去不用功，鬼混一年後，比低一年的學弟又有何不同呢？有什麼好驕傲呢？同樣是某國立大學某熱門科系的學生，學長也許會把更大的成就，拱手讓給學弟。

有一位慈濟醫院的女志工，面對一位子宮癌的女病患，跟自己的媽媽年紀彷彿，而一點兒求生意志也沒有，她不斷鼓勵對方，陪著病患聊天。當她握著對方的手，教她唸阿彌陀佛時，忽然發現病人那雙粗糙起繭的手，跟媽媽的好相像。

她想到平常媽媽要牽她的手時，她卻拋開不理，現在面對這個非親非故的病人，自己卻能伸手來握緊著，為什麼媽媽的雙手，自己反而不能接受呢？當下她恍然大悟，深感過去對媽媽的態度太過份了。

下班前，她抽空去打公用電話回家，正好接電話的是媽媽，她一聽到媽媽的聲音，情不自禁叫一聲：「媽媽」後，就痛哭起來。這是出自內心哭出來的，以前她從不輕易開口喊媽媽。原因是，媽媽在她小時離家，讓她從小就怨恨她，甚至媽媽生病也未曾問候過。不料，媽媽聽見她哭，著急地問她什麼事？身體不舒服嗎？她答說不是，只想到以前對不起媽，才特地向媽懺悔。媽媽卻說：「傻瓜，媽媽都忘了過去的事，你安心工作吧！」此後，女兒完全改變態度，開始對母親百般孝順。不消說，她也是孝女了，孝行篤實，一點也不勉強。這樣，她跟其他早年的孝女們有何差別呢？

佛教裡，發心的種類不少。『觀無量壽經』說，只要發三種心，就能往生佛國，那是至誠心、深心和願心。但在『十地經論卷二』裡，指出衆菩薩要修行道位，就要發三種菩提心，那是發信成就，解行和證果等三種心。

初發心彷佛突然起一陣烈火，能把一切惡心、慢心、諂媚心、狂妄心和邪見心等，掃得乾乾淨淨，才特別值得讚嘆。

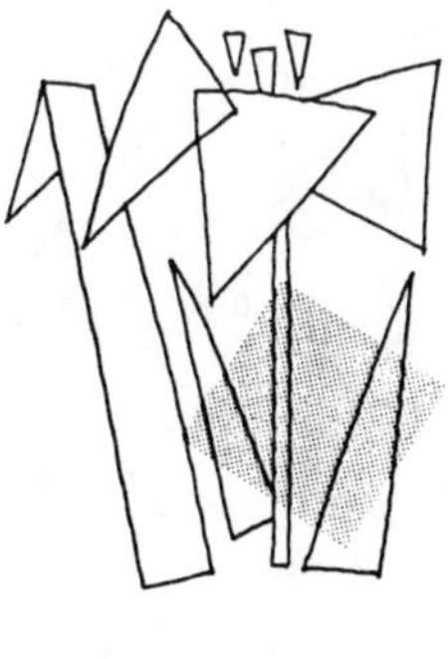

慢心要不得

記憶裡，『舊雜譬喻經下』，『法句譬喻經第一』和『阿育王經卷第十』，都各有許多佛說故事，非常深動有趣，儘管題名和內容不一樣，但是，佛的用心卻不難理解。例如『舊雜譬喻經下』那則說話是，目連有一天初試自己的道眼，發覺能見八千佛國，乃暗自得意比佛還要棒，他居然問佛說：

「世尊，我今能看見八千佛國，佛不會比我高明吧？」

誰知佛大展神通，十方諸國起了六種震動。佛的光明通行無阻，目連只能看見這些，而佛卻遠超過這些。目連聽了如大山崩潰，放聲大哭，始知世尊稱讚他神通第一，跟佛一比較，簡直微不足道。

『法句譬喻經第一』那段故事是，釋尊在拘睒尼國遇見一位頗有智慧，勤研佛經，又通達事理的和尚，自誇天下無雙，連白天也高舉火把，到處遛達，大言不慚地說：

「天下人全是笨蛋，枉有一雙眼睛，也看不到東西……。」

可見他多麼目中無人，縱使頗有善根，也會自毀前程，幸好佛很同情他，給他講解「四明法」，才讓他明白能人背後有能人，凡事不能自滿。佛後來還作一首詩偈教戒：

「略有見聞和知識，就擅自對人炫耀。無異是點燈火的瞎子，只照亮外界，而內心很黑暗。你是世上最矇混的人，手持火把要照亮一個大國，其實只能比做一點微塵。」他聽了才證悟得道。

另有『阿育王經卷』一則說話是，罽賓國有一位比丘叫做善見，因為悟得天界四禪定，也具有五神通，忍不住異想天開，逢人便誇耀：

「我修得阿羅漢，如果長期乾旱，我也有本事求雨……。」

有一天，一位優波笈多聖者出來勸他說：

「你沒有好好守佛戒，只知表現傲慢，到處宣稱自己的厲害，佛到底在那兒說過求雨的事？佛一直嚴禁弟子們，切勿為了迎合世俗，而展現神通。例如求雨解旱，實在不應該……。」

善見聽了猛然省悟，趕快再求精進。最後，才證得真正的羅漢果位。

雖然，以上三事都針對修行人來說，指出學佛千萬不能自滿自傲，尤其不得有增上慢，或者向世人吹毛求疵，否則只會害自己。釋尊弘法五十年，除了因為善巧方便，才會大顯神通，否則，他何曾炫耀自己佛法無邊，證得圓滿的果位呢？

『大智度論』有一段話：「我衆生人……未得道時各凡夫人，初入道乃至阿羅漢名聲聞人，觀因緣法悟空小深，小愍衆生名辟支佛人，深入空法，行六波羅蜜，大慈大悲是名菩薩人。功德別異故名字亦異。」

意指佛教要世人完成圓滿的人格，因為人類尚未成熟，才要逐步努力提昇到完成或圓滿階段。由凡夫，聲聞、辟支佛，而後成菩薩，依照人格逐步高昇，才給予世人不同稱呼。

倘若中間自滿傲慢，認為自己天下無雙，停在原處踏步，不再精進時，當然得不到圓滿的境界。

我每次讀『華嚴經』時，總覺得該經卷從四十四起，直到卷六十法界品那段，才是最精彩，也最能令我擊掌讚嘆。因為那段是善財童子求道的詳細歷程。說真的，若依照凡夫的觀點，像善財童子那樣善根極佳，又肯精進，能得到十位艮師的指點已經不錯，足以自慰，不一定還要繼續深造。誰知他的「精進心」和「不倒退心」非同小可，竟能抱持學如逆水行舟，不進則退的意志，繼續參訪天下明師。依世俗的話說，他等於遇見五十幾位學有專長的人，學遍了天下知識，也聽遍專家的見解。不論對方的出身、職務或特技，他都統統謙虛地學到手，真正了不起，真正有成就了。

俗話說「半桶水叮噹響，滿桶水不會響。」只有一知半解，或僅有些微的成就，就會吹毛求疵，志得意滿，實在要不得。學佛切忌如此，做人做事，甚至一個社會國家的表現也不該如此。我想，人生和社會一樣，不僅是實修的道場，也是比賽的運動場。人生的成就是指多方面，不是只求一點突破，還要多多益善，既要豐富充實，又要圓滿風光。所以，學佛以後，擬定人生目標時，也要參考修持的秩序，逐漸提昇，追求圓滿與成熟。尤其，要能自覺和自我肯定，發揮潛力、精進不息，不一定要完全迎合社會價值，或俗人的口味。勿寧說，破邪顯正，發揚正見正知，才是佛弟子的職責。

我每次觀賞運動會，總會放心飽覽各種比賽，因為運動場上不僅一百公尺或一千公尺賽跑而已，還有跳高、跳遠、標槍、鐵餅、高欄、中欄……總計也有數十項吧？我除了注意各項得分以外，還很重視總成績，和精神獎等項目。

所以，人生除了知識、財富、讚賞和地位，也還有慈悲、同情、寬恕、精進和布施等多方面的追求，而每一項都要評分。之後，還有總分或總成績，直到蓋棺，才能論定。人活著一天，就要比賽一天。百丈禪師說：「一日不作、一日不食。」不食當然活不成，而計算成果的圓滿與否，也算到那天截止。

回顧國人在追求財富方面，台灣經驗雖然舉世聞名，外匯存底快要從亞軍升到冠軍，成就固然很可喜，但不能得意忘形，陷入「見錢思齊」，一味只顧賺錢享受，而忽略更大成就的最後目標。

如今，國人彷彿運動場上只贏一百公尺的單項賽跑冠軍，令世人刮目相看。其實，還有許多比賽項目落在人後。例如，台灣最被人詬病的，莫過於交通惡劣、空氣污染和治安差勁……這些都遠比落後國家還要落後。那麼，國格的總分也不會理想，距離淨土的境界也更遠矣。

學佛最怕起慢心，唯識宗認為慢心是六種根本煩惱之一。這是因為愛比較自己與他人之高低，優劣與好惡，才生起一種輕蔑他人的自負心。換句話說，這也是輕蔑或自負的意思。

從以上三則佛經故事裡，可知那些主角都因為小有成就，就立刻自滿，而不再精進。最後都得不到圓滿究竟，成就佛果，十分可惜。

人身難得

每本佛陀傳都會不諱言地指出，釋尊苦行六年，有一天他走到尼連禪河裡洗淨污穢的身體，想要爬上岸來，奈因身軀實在太虛弱，簡直沒有力氣上岸，好不容易上了岸，適逢一位村長的女兒經過，供養了乳粥，他才恢復體內的氣力。當他正在生死邊緣掙扎的時候，靈光一閃，看見天地之美與生命之美，尤其明白了人身難得，怎可隨便糟蹋寶貴的人身呢？

我暗忖，在這剎那間，釋尊的最大收穫之一，無疑領悟「人身難得」，出生為人是何等莊嚴、神奇、無價和感激。

我的猜測不離譜，從以後的佛經裡，不斷看見佛陀強調「人身難得」。其中，最膾炙人口的，莫過於『法華經』和『摩訶止觀』上那則「盲龜浮木」的譬喻。大意是，一個勁圈從海的東邊飄過來，一隻盲龜直想鑽進那個勁圈的小洞裡，比登天還難，藉此譬喻「人身難得」。說得也是，瞎眼烏龜，要鑽入飄浮的勁圈小洞，談何簡單？學佛的人，都知道六道輪迴裡，要出生人道也要靠幾輩子修來的福份，如『法句經』上說：

「得生人道難，
生得壽終難，

得聞正法難，

遇佛出世難。」

再看『八十華嚴卷』上說：「得人身難也」。『大般涅槃經卷』上說：「人身難得，如優曇花。」接著，『梵綱經』菩薩戒序也強調：「一失人身，萬劫不復。」

既然出生為人難，所以，每當我聽到有些人一碰到挫折，就說要自殺，要上吊，我心想：這也許說氣話，不可能傻到人身都不要；縱使下輩子能投生，到底會投到畜生道？還是再回到人間界？萬一回不到人間，那樣損失有多大？

中國人常常奉勸那些想不開、要尋短見的人說：「螻蟻尚且貪生……。」意思雖然在讚嘆生命，但也在強調出生為人難，不能連螞蟻都不如啊！人身比螞蟻有尊嚴、有威風、有價值到千萬倍！同樣地，「寧為歹活，不要好死。」也表示生命得之不易，生在人間更艱難。

「三國演義」裡，一代奸雄的曹操，也是個聰明人，且聽他高唱：「對酒當歌，人生幾何？」雖然在嘆息生命短促，恨不得永遠活下去，也能永遠當權，殊不知他也珍惜人身難得，要在有限的時光裡大幹一場，縱使犧牲別人的性命也不惜，這卻是他奸詐自私的地方。

『法句經』所謂「得生人道難，生得壽終難」，其實是二而一，一而二，兩者連成一氣，真正要讚嘆的是，要做活的人才有價值，因為生下來夭折，或不在乎生命的人，那種人身沒有意義。

我記得小時候，每次逢年過節，祖母都會右手持菜刀，表情很嚴肅，又很無奈地對左手那隻正在哀叫掙扎的雞鴨說：「做雞做鴨被人殺，下輩子投生好人家。」小時候的我，也懂祖母在安慰牠們，現在要失去生命，下輩子才能投生人間，而且會投生到有錢有勢的家庭，可見出生為人是畜牲的無限盼望。

記憶裡，日本有一則童話說，一個孩童到雞舍去撿個雞蛋回家，好奇地問母親：「媽媽，為什麼我們只生人，不生蛋呢？」

媽媽反問兒子說：「那你下輩子出生做母雞生蛋好嗎？」兒子立刻拒絕了，而且表示生為人身比較好。可見在小孩子不太成熟的思想裡，也能認同人身的神聖與價值。

佛陀再三強調生為人難，意思是，出生人間有不可思議的因緣，要世人懂得感恩，和珍惜這種機緣，因為人生彷佛優曇花那樣短促，應該在這剎那間種福田、聞佛法，不要胡作非為。所以，『大般涅槃經卷』上說：「人命不停，過於山水，今日雖存，明亦難保，云何縱心，令住惡法。」意指人的生命無常，應當勤於觀照，遠離各種惡心，免得害了自身。

以前，我看「白蛇傳」的時候，心裡最大的感觸是，那條白蛇要修練千年，那條青蛇要要修練好幾百年，才有本事化身為人，那是牠們生命裡夢寐以求的事，他們得到人身才能大大方方到人間談情說愛，享受歡樂，雖然結尾是悲劇，他們好像流盡眼淚，也覺得值得了。

還有其他神話小說裡，許多神仙現出人面，有時追查身份，始知千年前也屬畜類，歷經無數年月的修練，才能變做人身，再修成正果。當然，畜牲界只有為飢餓、為性慾才爭吵，沒有人世間那樣多彩多姿。人雖有數不盡的苦難哀愁，但是，更有機會學佛聽法，供養三寶，和立功立德。人只要有志修持下去，還能進涅槃、得解脫，永遠免於輪迴之苦。既然出生為人難，怎可不惜緣和惜福呢？

中國人習慣說：「毛髮肌膚受之於父母……」表示父母給我們生命，一切要自愛，尤其要重視人身。若按照佛法來說，人身也是靠自己修來的，作賤生命也照樣會對不起自己。只有領悟無常，才知出生為人難，有生命會更難。

佛法不離世間法

尚未皈依前，我看了些佛書，只因內容良莠不齊，有些令我不能接受，有些人簡直莫名其妙。之後，竹東鎮一家寺廟的法師，借我一本印順導師的『妙雲集』，我並沒有從頭到尾看完，但也看完五分之四，就在歸還日期截止前還書了。

記憶裡，除了佛教的特質，令當時的我，無從判別以外，就總的來說，我發現佛教的修行和佛法的旨趣，完全合情合理，不是人云亦云，或被人扭曲，遭人誤解的佛法。之後，我才有興趣讀下去，一直到我皈依為止。

今天，我終於不自量力，加入弘法的行列。

依照阿含經的教示，實踐八正道的生活態度，既遠離快樂主義，也不走苦行主義，而屬於中道路線，因為前面兩者都算偏頗，不能得到智慧，證入涅槃。今天，大家的文化水平提高了，所謂偏激與合理，也大體上能夠判別而得到共識，不是靠強辭奪理，或自圓其說可以服衆渡人。何況，在思想完全開放與自由的國度，任何問題都允許從各個角度深入探討，公開提出批評，結果，任何信仰層次的高低，以及合理與否，都會披露出來。在這種情形下，佛教的修行，依然很符合情理。

譬如『阿育王經卷九』有一段記載，表面上看不出什麼，如果仔細一想，會發現學佛不是乖離叛道，而是真正落實在生活裡。且說一位修行者平時不貪求美食佳餚，只吃粗茶淡飯，致使身體日漸衰弱，精神渙散，久久不能開悟。後來，他聽說遠地有一位馳名的大師——優波笈多，立刻迢迢千里去拜訪求教。對方慈悲地回答：

「好，你聽我的教示。」

優波笈多吩咐施主們準備各種佳餚，燒好溫水，之後告訴修行者：「你先去洗個溫水澡再說。」

修行者好久不曾享受這樣的溫水浴，浴後，身心立刻舒暢。接著，他又吃到可口的飯菜。幾天後，他重獲旺盛的精力，才有精神聆聽聖人說法。

因此，修行佛道不是委曲飲食，苛薄身體，但也不求山珍海味。只要合情合理的生活需要與衛生習慣，具備健康的身體與精神才能修行。

『百喩經第一』也有一段話說，一個蠢漢目睹一位富豪，家裡有三層樓房，令他很羨慕，也想回去蓋三層樓了。因為他想：「論財產也不比他差，我當然也能蓋三層樓呀。」

於是，他立刻聘請工匠，開始勘察作業了。不料，當他看見工人挖地基時，不禁怒責他們：

「我要的是第三層的殿堂，不要下面那兩層。」

工匠們只好耐心地解釋：

「不建第一層，那能造第二層樓？沒有第二樓，那能造第三樓呢？爲了搭建三層樓，當然要從基礎開始呀。」

俗語說，凡事要按步就班，穩紮穩打，有了穩固基礎，才能更上一層樓。修行也是不能立刻證道成佛，不聽聞法，不解空觀，不行六度，那能證得佛果呢？

『大智度論』十無品裡，指示修行的次第，也要先從凡夫開始，再到聲聞、阿羅漢、辟支佛、菩薩，才到佛的境界。中間要觀因緣，懂空法、行六波羅蜜，直到大慈大悲。

『雜阿含經第九』有一則譬喻，也十分中肯平實，益發讓人理解學佛修行的真正秘訣，跟做人處事一樣。

有一位名叫二十億耳的尊者，在耆闍崛山上修行日久，遲遲不能證道，不免有些失望了。一天，釋尊特地去開示，先問他彈過琴嗎？對方說常常彈琴。釋尊又問他，絃線調得太緊，或太鬆時，會發出微妙優雅的聲音嗎？對方回答「不能」。於是，釋尊教誡他說：

「修行也跟彈琴一樣，如果急著精進，就會動心懊悔，不能沈著冷靜。如果太緩慢，也會心生怠惰，無法進步。故要不急不緩，安安穩穩地修道。只要不執著、不安逸、不受制於相，依照規矩去修道就夠了。」

由此可見，學佛修持有什麼不合情理？有什麼捷徑？眼前，一切信仰自由，也能公開爭辯，佛法的任何部份都能接受挑戰，難怪在美國弘法，愈往高級知識份子方向走，愈有收穫，也愈能得到回響。

例如佛教講因果，既不涉及價值判斷，也沒有政治立場，果從因生，事待理成，本來如此，有什麽好疑惑？有什麽好爭辯？再說「三法印」是佛教的特質，那是指「諸行無常」、「諸法無我」和「涅槃寂靜」。依佛法來觀察，世間所有形形色色的事物。沒有一樣是常住不變，都屬於無常。

去年初夏，我在洛城菩提寺跟台灣大學來進修的王教授交換學佛心得，他是一位物理學博士，記得他說：「我正因有專業知識，才會信仰佛教。」另一位在場的加州大學黃教授也是地質學家，他因為發現佛教的成住壞空跟地質變化的原理相同，才讓他相信佛法。所以，他開口閉口向人談到緣起緣滅多麽正確？

凡事不是獨自存在的東西，彼此有關連，故不能有我執，一切只有我，而不顧其他的存在，這樣講得通嗎？不論萬法如何差別？最後終歸平等，這就是寂靜與涅槃境界了。不論從推理或知識方面說，佛法千真萬確，一點兒也不離譜。

今年初，我到楊梅鎮一位師範時代的老同學家作客，他雖然不是皈依佛教徒，但不諱言愛聽電視上星雲大師弘法，我問他有何感受？有何心得？只聽他很感動地答道：「他講得入情入理……。」佛法不離世間法，讓人能夠受用，豈會違背情理？印光大師曾經教示，如果丟棄「世間法」，而去高談「出世間法」，未免違背我佛立教的宗旨。所以，『六祖壇經』說：「思則親養父母，義則上下相憐，讓則尊卑和睦，忍則衆惡無喧。改過必生智慧，護短心內非賢……佛法在世間，不離世間覺，離世求菩提，恰如求兔角。」因此，學佛要從世間法上腳踏實地開始。

即知佛法很合理，最重要的是修行，不能單憑口說，只知它有用，還要實地用功。俗語說：「數他人之珍寶，算不了自己資財。在庖廚做飲食，飽不了自家肚腹。」意指不要把佛法當做哲學來參詳或考究，否則，不但無益自己或別人，還會生出種種障礙，成了各種謗佛的因緣。

記得釋尊說：「我與阿難等，於空五佛所，同時發阿耨多羅三藐三菩提心；阿難常樂多聞，我常勤精進，是故我已得阿耨多羅三藐三菩提，而阿難護持我法。」多聞即佛學，精進即學佛，我們更宜重視後者才對。

落實精進心

每隔很短期間，政府總會舉辦有關台、日貿易協商會，不論在日本或台灣舉行，我都很仔細閱讀報上的結論，之後，我不但有一肚子怒火，也覺得很羞愧，很沈痛。今年恰有「日本經濟貿易訪華團」抵達台灣，台灣每次都希望對方多買我們的產品，協助我們產業升級，落實技術轉移……，我們的語氣也許表面不很露骨，爲了面子或矜持，其實，心態近乎哀求，差一點要下跪的程度了。

雖然，我們政府滿肚子的埋怨，但又萬分無奈。國人看到此，也許會責備日本人，未免太無情無義，不肯多買我們的產品。但依我看來，不妨先檢討自己，到底我們真要這樣委屈嗎?自己果真這樣不行嗎?有什麼辦法自救呢?因為年年求人，每次不見效果，這樣下去不是辦法，總得設法解決才對。

有一天，一位名叫麥克的猶太朋友說，他只怕一個中國人，卻不怕十個中國人。他的話很有意思。猶太人的聰明才智，舉世聞名，如今連猶太人都讚嘆中國人的才智，難道我們能妄自菲薄嗎?我看到美國一項專家調查和研究也指出，目前在美國的建築師、物理學家、博物學家裡，美籍華裔的智商最高，在其他十個行業裡，有八項行業也是華裔的智商，超過美籍的日裔和美國人。看到這裡，我們為何還會向日本苦苦哀求呢？有人坦率表示，根本原因是：「一個中國人像一條龍，一個日本人像一條蟲；但三個日本人像一條龍，而三個中國人卻變一條蟲。」

我想，這個說法跟那位猶太朋友的話，不謀而合，恐怕也接近正確的答案了。

『大般涅槃經第八』有兩則說話，第一則說，一個女人被人指出家有金庫，她堅決不信：「豈有此理，為什麼家裡無人知曉，反而讓外人知道呢？」待對方挖出來一看，她才驚喜交集。第二則說，一位大力士眉間閃爍著價值連城的寶珠，比賽時，一不小心被對方猛力扎進皮肉裡，不久，他發現寶珠不見，看過醫生後才知道寶珠在皮肉裡。

這兩則故事的寓意是，我們有成佛的資質，真是絕好的瑰寶，不要作賤自己，應該要好好珍惜、琢磨成器。

國人不是犯了同樣的毛病嗎？糟蹋天生的優秀智商，還不懂得活用，反而向人哀求，看人臉色幹麼呢？

耳聞以色列當年要向美國購買最新型的F××號戰機，美國不肯賣，以色列百般懇求，美國始終不肯，不料，以色列人感到十分羞愧又憤怒，立刻聚集國內的科學家，自行研究，反而造成比美國更好的戰機，終於在一次中東戰役中，獲得輝煌勝利。此事證明逆境是良師，自己有善根，難道會怕不成佛嗎？

『大莊嚴論經卷』上說，一個宰相的兒子，極富才智，又通曉萬物，不論體格、能力和才藝都高人一等。不料，父親死後，他貧困潦倒，走投無路，終於淪為小偷了。

一天，他溜進王宮行竊，發現國王枕邊放著一盒水，旁邊放著灰。他因為肚子極餓，誤以為是麥糊，一口氣吞下灰和水。待肚子塡飽後，才發覺自己吃了灰，而不是吃下麥糊。他心想：

「肚子極餓，連灰塵也吞得下，何況吃嫩草，也能充飢，維持性命，我何必幹這不能見人的勾當？」

一想到此，他空手離開王宮。以後，國王知悉此事，也深受感動。我看完這篇短文，也有感慨。他枉有一身本事，竟淪為小偷，原因完全出於自誤，缺乏精進心耳……。

學佛最需要精進心。例如『大佛頂首楞嚴經』指出大乘菩薩一定要有精進心。在著名的「六波羅蜜」裡，就有一項「精進波羅蜜」，那是修行成佛菩薩少不了的要件。除了精進不息，還要有不退轉心。

『大正藏卷十五』提到一位羅頻殊比丘，雖然證得阿羅漢果，照樣去行乞，七天不得食物，空缽回來，進入禪定，舉火自焚。意思是，僅有福德之力，也不能得道。若想成佛，非再精進不可。

還有一位頂生王雖然擁有全天下，天降七寶和一切他想要的東西下來給他，連帝釋天也跟他分庭抗禮，算是非常有福德了，但他依然不能證道，原因是，他的精進心不夠也。

四十年來，國人在文化和科技的發明創作方面，表現很差勁，例如，當年政府為了扶持汽車工業，讓車子技術落實發展，不惜立法保護，看樣子到現在還不成氣候，反而落在後起的韓國之後，可見精進心太差了。

聽一位洛城的老留學生說，二十多年前，日本車包括豐田和本田在內，只放在福特車旁邊，敬陪末座，福特車喊價兩千以上，日本車不到一千，好像小心翼翼，自嘆不如。如今日本車把福特車打得落花流水，連美國人都以買日本車為榮，反而埋怨福特車不行。

聽說豐田車正要邁向「無缺點設計」的作業，真是精進又精進，不說美國汽車業的精進心不足，我們更是瞠乎其後。我們常說：「日本能，我們為何不能？」如無精進心，我看不能就是不能了……。

佛教重視自由思想

讓我先說『百喻經第四』一則短篇笑話。且說一個漢子從北印度搬到南印度來住，住了很久以後，就娶了當地的女子為妻。新婚妻子為丈夫準備飲食，丈夫急得不管飯菜多麼熱，也一口吞下肚裡。新婚妻子吃了一驚，立刻問他：

「這裡沒有強盜會來搶劫，你有什麼急事，吃得這樣緊張呢？」

「當然有道理，待一會兒再跟你說。」妻子聽了以為有極大秘密，半晌，又很親密地問他：「到底什麼緣故？你說來聽聽。」

他考慮片刻，才慢條斯理地回答：

「我家裡從祖父以來，就習慣速食了，我也倣效他，才吃得這樣快速。」

我看完這兩遍，也不禁失笑起來。錯誤之法，至死受行，執著不棄，不是傻瓜嗎？如果不知道錯誤，那就更笨了，自己要徹底檢討才對。

首先，我想錯誤之法不一定指信仰，凡是社會現象，人神不分的習俗、制度典章或價值觀念都一樣，時間久了約定成俗，世代沿襲，未免僵化，不合實情，違背進化原理，但人的思考有惰性，或被矇在鼓裡，一直看不出錯在那裡，所以，心智的培育就顯得相當重要了。

佛教很重視這一點，也就是在自由思考方面有寬闊的發展空間。佛陀認為人類的解脫全賴個人對真理的自覺，而不是要順從神的意志、社會習俗、人云亦云或傳統方法。在信仰方面尤其如此。有一次，佛陀來到憍薩羅國一個小鎮——羇舍子去訪問，鎮民的族姓叫做迦摩羅。他們聽說佛陀來了，紛紛出來拜見，問訊：

「世尊，以前有過許多梵志和出家人來了，都說自己的教義才對，而不斷指責、蔑視和排斥其他教義。後來，又來了一批也是這樣說。我們聽了一直懷疑和迷茫，不知道那群可敬的梵志和方外的人裡，到底誰說的才是實話？誰在打妄語呢？」

佛陀回答說：

「迦摩羅人啊，你們的懷疑與迷茫是正當的，對於任何可疑的事情，都應該起疑。迦摩羅人，你們不要被流言、傳說，及耳邊之言所左右，也不可依靠宗教典籍，或單靠論理、推測；更不能單看事物表象，或由嗜好揣測而得的臆見，以及似是而非的話，就迅速地斷定：『他是我們的導師。』迦摩羅人呀！只有當你們確知某事是真正善良、美好，你們才可信受奉行，如果確知某事真正不善、錯誤或邪惡，就要革除它們……。」（巴利文增支部經）

這段答話不單指佛教修行，凡是人的心智教育，都應該如此，允許自由思考，不要執著流言、傳說、典章、推測、表象、臆見和似是而非的話。惟有透過自由思考，自由辯論出來的結論，才值得信受奉行。尤其，說教者或某方面領袖，開口閉口大言不慚，只叫人不要懷疑，一切相信我、聽我說，或服從我，都是沒有道理的。如果強迫自己相信和接受自己都不解的事物，就不算睿智了，那是迷信，以現代的觀點來說，政治信念也應該如此，才是民主的真諦。

佛教的修習或思索，純粹是心智的培育，它的目的在洗滌淫慾、憎恨、怠惰、焦慮、不安、疑惑等心智方面的騷亂不淨，一方面又培育注意力、清明的心智、知識、意志力、精進力、分析力、自信、歡喜心與寧靜的心境等優良品性，希望這樣可以增進智慧，如實知見一切事物的本性而後證得最終的真理——涅槃。

當然，一般人都要參與複雜的社會活動，很難全心全力按照佛教的修行步驟。教育與政治最會涉及權力集團，也不能完全做到佛教的自由思索。所以，在歷史上，佛教寺廟不僅為宗教中心，也成了學術文化中心，理由正是它有充分的自由思考，和理性受到尊重，才能得到真理。

現代教育尤其要重視這些方面，誠如美國一位諾貝爾物理學獎得主所說：「要教育學生怎樣發現前人的錯誤，不要老是跟著前人的步伐……。」這話的意思，一面強調自由思考，不要死背或抄襲某人的定義或口號，一面要培育人的信心與理性，難得他的話也跟佛的教誡不謀而合。

最近，英國出版一本書叫做『知識份子們』，作者是保羅•強森。他透過著作、日記、書簡和傳記等研究，硬把十八世紀以來，共計十九位啟蒙思想家，許多不為人知的真實面，活生生地披露出來，讓世人大開眼界。

所謂神聖不可侵犯，或近乎天人的大導師，也有不可告人的黑暗面，不消說，這種負面性寫法，會引起許多崇拜者的反彈，不過，專家們指出那些天才就是要靠新的發現，才能支持精神上的不安，維持心靈的平衡，惟有透過真正自由思考與理性辯論，才能凸顯真假、善惡和正邪，所以，那本書不失為有價值的反面教材。

台灣的教育環境和方式，不論家庭或學校，父母或教師，最缺乏這種認識與胸襟，長期間都忽視這種健康與正確的心智培養，也沒有自由思考的訓練。不良的教材與教法，反而摧殘了人的心智。

只見孩子們從幼稚園起，就補習一大堆科目，直到大學畢業都手不離卷，整天抄書背書，死記一切知識，開口閉口老師怎樣說，父母怎麼講，所以，自始至終都不曾聽說國人有什麼新發明，或新創作？何況，中國人的智商始終是公認的好資質，最後成就一直不如外人，除了盜印、盜版、抄襲模倣，至今都走不出自己的路。

我認識一位台灣來的李博士，他是研究哲學和教育，一天，他很感嘆又埋怨地說：

「我剛來美國，英文難不倒我。前兩年反而忙著掃除頭腦裡，一大堆亂七八糟的東西，那都是台灣背出來的。我清掃得好辛苦，待頭腦清掃乾淨以後，才重新讀起……。」

他的話令人同情，也令人鼻酸，只有在思考不自由的環境裡，才要塡壓這些說不盡的偏見、邪見，似是而非的口號，以及僵硬的價值觀念，難怪整個國家與社會的成就，不能平衡發展，得不到國際社會的肯定。

中國歷史上，唐朝文化輝煌燦爛，但也是非常開放與自由的社會。人類的心智只有在這種土壤上才能孕育出來，佛教重視理性與自由思考，強調正知正見，也在那時最落實，弘揚最有成就，連幾位英明睿智的皇帝都讚嘆佛法，信受佛教。

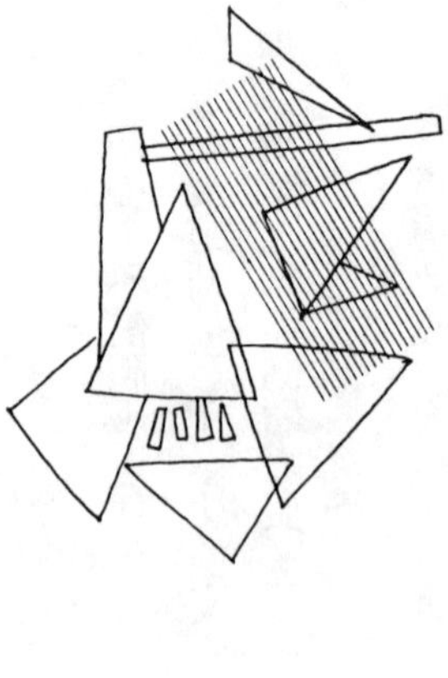

怎樣熄滅瞋怒火？

我上高二那年，國文老師解釋明末吳三桂，為何會讓淸兵入關呢？原來是：「衝冠一怒為紅顏」。那時，我心想悍將一怒，果然非同小可，可以傾國傾城，禍害無窮。後來，我又從許多傳統小說裡，讀到惱怒發作的故事，透過作者的生花妙筆，寫得如龍如現，我才更警覺不能小看它。例如在『三國演義』裏，劉備三顧茅蘆時，張飛很不耐煩，屢次表現的瞋怒，都十分劇烈，幸虧被劉備勸止，才請得到孔明。

『西漢演義』裡，也提到項羽雖然武藝高強，力拔山兮氣蓋世，奈因動不動就暴跳如雷，滿肚子怒火，一直聽不進范增的勸言，終歸一敗塗地。相反地，張良小時候在橋邊遇到黃石公，吩咐他到橋下撿鞋子，故意要他撿三次，旨在考驗他的耐性，看他能不能在緊要關頭沈得住氣？這些都證明瞋怒對人生事業的起伏與成敗，影響很大。

專制時代，縱使臣子沒犯錯，有時快人快語，讓皇帝不中聽，或有忠臣冒死直諫時，皇帝「龍顏大怒」之下，很可能被推出去斬首示衆。所以，聰明的臣子，都懂得見機行事，或察顏觀色，看看皇上有無發怒？只要他不受制於瞋心，問題就容易解決。否則，不但結果適得其反，恐怕還有殺身之禍。所以，皇帝的怒火，會令臣子們顫抖不已。

佛教修行很重視瞋怒心的調御，而把它列為貪瞋癡的三毒之一，也屬於五蓋十惡之一。這是有情衆生的一種怨恨精神；在俱舍論裡，它屬於不定地法之一，但在唯識論裡，則屬於煩惱法之一。只要瞋心一動，就會令人身心煩惱，失去理性，非常妨礙佛道的證悟。經論裡也常常教誡，例如『大智度論卷十四』上說：「瞋恚其咎最深，三毒之中，無重此者；九十八使中，此為最堅，諸心病中，第一難治。」

另在『梵網經』裡，也提到「瞋心於惑中為最重」。參禪打坐時，最怕起瞋恚，因為它會覆蓋心性，擾亂禪定。佛經上慣用火作譬喻，常說火會燒盡一切功德。

例如『增一阿含經卷十四』上說：「諸佛般涅槃，汝竟不遭遇，皆由瞋怒火。」故在佛教的十戒裡，第九戒叫做「瞋心不受悔戒」，也稱為瞋戒。這是為了防止修行人起瞋恚心，而不受他人悔謝所設定的戒條。

不幸地，花蓮證嚴法師在「淨化人心」系列的書刊裡，感嘆國人的瞋恨心太重，愛發脾氣、心火極大，恐怕共業一來，難免天不降雨，天乾地燥了。同樣地，大陸地區也好不到那裡，不久前發生森林大火災，燃燒到黑龍江的最大森林區，原因是，大陸上人民自我鬥爭，瞋恨心招來不可收拾的大火與戰亂。

在我的感覺上，國內的瞋怒毒氣好像特別彌漫，從電視傳真裡，國會殿堂難得心平氣和在問政，雙方一言不合，就打成一片，怒氣始終不能平熄；校園裡也不寧靜，常常傳聞師生，演出瞋怒互燃的場面；還有街頭巷尾，都不時傳出普通家庭，因為芝麻小事，也燃起無名瞋火，導致許多悲劇。

例如，今天報載一位七十高齡的老翁，只因吃飯，不滿媳婦端麵給他時「不禮貌」，他一氣之下，持刀要殺媳婦。不料，兒子上前勸阻，反被老子一刀刺死了。這不是一絲瞋怒火引起的倫理慘劇嗎？

屏東有一位美籍教師騎機車，跟一輛轎車在紅燈下相遇。綠燈亮時，因為機車突然熄火，擋住轎車的前進，雙方一言不合，一人拿鐵棍，一人持匕首，頃刻間，一死一傷，這是何必呢？一點兒不愉快，何不理性地用平常心相待或處理？而非用刀棍，傷到性命不可呢？更莫名其妙的是，一位警察聽見一位老友講了幾句粗話，也起了瞋火，拔槍打穿他的腦袋。社會人心如果長期籠罩在這種毒氣下，後果不是極明顯嗎？

佛經上，常常提到瞋恨心極重的提婆達多，三番兩次陷害釋尊，有時連座下弟子都看不過去，要出手對付他，然而，釋尊卻靠四無量心來化解。可惜，提婆達多在最後一次，瞋怒心發作很厲害，想要毒殺釋尊時，反而自食惡果了。根據佛典的解說，四無量心即是，對無量衆生施四種平等的福，又叫做四等心。

慈無量心，與衆生樂。

悲無量心，拔衆生苦。

喜無量心，喜見他歡喜。

捨無量心，對他無憎無恨。

如果說得淺白些，對治瞋恚的有效途徑，就是落實慈悲心、寬容心、歡喜心和布施心，而不流於口頭禪。例如，釋尊知道瞋怒是傷害各種善法的根本，也是迫人陷入各種惡道的原因。它是法喜的大敵，善心的大賊，謾罵的倉庫。『大智度論第十七』上說，有一天，釋尊曾向僧衆喝出一首偈，旨在警戒他們：

「人生在世有無窮苦惱，計有老病死等，不勝枚舉，

世人要經常惦記著，不要忘掉慈悲的念頭，

如果不遮住憤怒的心，法道也會變成水火。

消滅瞋怒的方法，只有一個慈悲心，

在獨自悠閒時，必須掃除瞋恨之苦。」

其次是寬忍心，人何必動不動就發脾氣呢？對方的話還沒講到一半，就突然反目相向，厲聲責問，未免太浮躁了。其實，這是一種自卑，只會令人可憐。應該明白退一步，即海闊天空，否則，雙方的下場都不好。

接著是歡喜心，大乘教派的高僧大德，都重視「十心行」，其中之一是，歡喜心行。用它對治瞋恨或惱怒，真是正反相剋，效果極佳。這種歡喜好像聽到佛法，心生歡悅，乃至信

受奉行般。根據『十住毘娑沙論卷二』記載，菩薩得初地，多有七相。其中，第七相為「無瞋恚心」，意指瞋恨少，自然心境會常樂慈行。

『十地經論卷二』提到初地菩薩有九種歡喜——多信敬、多愛念、多慶悅、多調柔、多踴躍、多堪受、多不壞他意、多不惱衆生、多不瞋恨。

布施心即是「捨」，古德說人有惻隱心，除了禽獸，否則，人類都不會見死不救，學佛尤其要像一根蠟燭，以亮光照耀別人。可惜，有了慾念，就只顧自己，讓惻隱心變質，施捨心縮小。於是，瞋怒一來，人就變成不理性了。

俗話說：「洗心革面」，若能洗掉怒心，表情才會榮光煥發。因為瞋怒會使人面露兇光，不像善類。

近日報載國內去年的犯罪率創下新高點，平均兩百人裡，即有一人觸法。在被調查的亞洲國家裡，我國高居榜首。原因是，瞋恨的毒氣太濃了。這樣下去，後果不堪設想，除非擁有慈悲、寬忍、歡喜和布施等四心，用它來滋潤，或撲滅這股濃烈的毒氣，社會才有前途，百姓才會幸福。

總之，四無量心——慈、悲、喜、捨，可以熄滅瞋怒之火。

洋和尚也會談因說果

一位姓山田的日本朋友，頗具獨特的旅館經營能力。他不想在洛杉磯過份劇烈的地區經營旅館，竟遠到北加州卡貝拉市海濱，買一家價值六百萬美金的高級旅館，專供中產階級的白人來度假和觀海。從我寄寓的洛城，開車去，也要四個半小時，實在不是短距離。雖然，蒙他屢次邀請，但都被我婉拒了。

那天傍晚，我正在忙碌時，忽然接到山田君來電話，他的旅館來了一位洋和尚，準備小住十天。據說他到日本學過禪，如今隱居猶他州寫作，問我要不要去見面？我一聽有洋和尚，不啻難得的善知識。尤其，在美國鄉下會有洋和尚專心寫作，一定是位高僧。想起善財童子千山萬水五十三參，我自忖遠不如那位童子，但若開車幾小時能訪到一位大德，談佛論法，倒不失為一大快樂。

一想到此，我立刻動身了。

深夜抵達海濱旅館，痛快休憩一晚。次晨起床一看，旅館的窗前，海岸上的蘆葦叢中，三三兩兩，都是白人的男女，坐著、蹲著、躺著，靜靜地望天看海，完全不像台灣的海灘上，成群男女和孩童，只知大聲談話、吃東西、喝果汁……相反地，眼前看海的老外，聽說從早坐到晚，整天默默地眺望天邊浮雲，觀賞白浪滔滔，個人看個人的，彼此不愛多講話。我心想，中國文人那種超脫俗塵，寄寓山水的閒情逸致，難道就是眼前這群白人如醉如痴的景象嗎？他們樂此不疲，以開闊的心胸，擁抱大自然的優美奧妙，讓我忍不住非常感動。我從來沒有這個體驗，只是從星雲大師口裡聽過：

「生活在虛空中才能擁有天地萬物……心裡覺得十分充實，十分富裕。因為天地與我同在，山河大地供我遨遊，花草樹木讓我欣賞。在般若的空性中，我們富有了三千大千世界，每一個人，實在一點兒也不孤單。」

難道這群退休的男女白人，也會享受大師所體驗的境界？我突然有說不盡的慚愧。

我轉問山田君什麼緣故呢？不料？他不正面回答，反而調侃我說：

「從來沒有中國人來過這裡，但有其他亞裔來過，也許你們中國人只高興待在家裡數鈔票吧？」

我想起國人一向忽視文化生活，缺乏尋幽訪勝的興致，只知忙賺錢，上卡拉ＯＫ、玩六合彩……我不禁默然相對。

這位洋和尚在登記簿上叫做約翰，來自猶他州理瓦鎮。他原是德國後裔，但生長在美國社會，觀念和想法早已經美國化了。山田君說他到京都學過禪，也到過中國沿海幾個大城市，似乎對東北亞社會有緣，如今正在寫這方面文章，準備明年出版專書。

洋和尚年約七十歲，說話緩慢有力，時常臉上掛著微笑。在山田君給我們安排的雅房裡，蒙主人端來果汁和餅乾，我們從日本民族問題，和戰後情況聊起，直到眼前的世界局勢，幾乎樣樣都談，反而很少談經論典。

那天，他跟我的談話裏，有一段記憶最清楚的是，他的出家動機。我本來在暗忖，他一定有極殊勝的佛緣，才會豁然大悟，而且那個緣份不是在美國碰得到的。果然，我沒有猜錯。只聽他說：

「到底我為什麼放棄高薪職業，而情願過一般美國人看來，完全犧牲人生樂趣，又非常清苦的生活呢？何況，美國內陸城市鄉間，簡直看不見佛教徒，恐怕我至少被人問過兩打以上的次數了。甚至有東方朋友懷疑，我一定有過非常沈痛的打擊，例如感情啦、家庭啦……其實都不是。只是在第二次世界大戰後，我到了日本和中國大陸，親眼目睹的狀況，讓我非常迷惑，心靈苦痛了好久，那就是人間怎會如此悲慘呢？後來，我從美國圖書館，價值觀和宗教信仰裡，都找不到合理答案，然而，我從佛教裡找到了。之後，我又反覆思索和推設，也覺得這個答案無懈可擊。那是人間的業報。而且，我偏偏在日本和中國看到，那麼，它也是你們的共業了。」

簡短的答案，我不太滿足，又忍不住問他學佛的經過，意外地，他卻從更早期的思想變化開始談起……。

「高中時，我先在教會學校讀了半年，因為我幾乎天生是一個自由思想家，也是無神論者。當時，我組織過『無神論者俱樂部』，吸引幾十位會員，也自任主席。不料，校長知悉後，不客氣來警告我：『除非馬上解散，否則，當心我馬上開除你。』我怎麼也不肯聽，最後，也被迫退學，才轉到公立高中讀到畢業。

大學一畢業，剛巧美國加入第二次世界大戰，由於我的體格欠佳而被淘汰。不過，我不氣餒，卻到一家報社當記者。戰爭結束，我被派去日本旁聽戰犯審判。我到了東京，目睹盟軍轟炸的一片廢墟，和逢頭垢面的老百姓。我深深感覺到這種人間，當真是佛法所謂『苦海』。

在遠東國際軍事法庭上，聽見日軍所做『南京大屠殺』、『巴丹死亡行軍』及其他許多暴行，讓我震得心智快要痲痺了。在極度憂傷的深淵裡，我幾乎夜晚也睡不著，不停地自問：『吸收中國文化，又信仰佛教的國民，怎會幹下令人髮指的罪行呢？現在的慘狀又怪得了誰呢？』從許多日本報紙和雜誌裡，常常聽到：『因果業報』，到底跟眼前的慘狀有無關係呢？我經常請教日本朋友，其中，有位朋友乾脆建議：『你到廟裡問那些和尙算了，他們會比較清楚。』

於是，我有一天到鐮倉一間寺廟，見過鈴木大拙博士，他的一番談話吸引了我，那是有關業力和果報的學問。不久，奉命到上海、南京和武漢等大城市。唉，那裡的情形根本不像戰勝國，比日本的命運還悲慘……一言難盡。這些見聞加強了我學佛的動機。

回美國後，我無法安下心過正常生活，那些悲慘的回憶、印象和見聞，反而讓我住在美國成了沈重的心靈負擔。為了調整心境的安寧，我情願放棄這份職業，和豐盛的物質享受。經過幾番思索，我終於辭職了，處理好自己的財產，再回到京都進入佛教大學，平時參訪寺廟，打坐聽經成了生活的全部。這樣，我才把不安、焦慮和疑惑穩定下來……。在日本居留八年，其間，我也到過韓國、中國內陸和西藏。回美國前，我特地去了兩趟歐洲。同時，也回到京都一家傳統寺廟出家了……。」

洋和尚說到此，語氣特別低沉，情緒也有些憂鬱的樣子。我想，他的因緣果然殊勝，加上前輩子的善根，才種下今日的福田。這時，但見海濱的黃昏，出現晚霞西照，景色格外迷人，還有海天一色，也讓我飽了眼福。

我自認對禪的體驗不深，也對佛學沒有多大研究，才沒有進一步問他。不過，我對他學佛後，到底有什麼不同的人世觀，譬如怎樣透視美國和日本的社會問題？不知他的觀點是否像報紙上人云亦云？或獨具慧眼，有非凡的見解呢？

誰知他沒有答覆以前，反而先搖頭嘆息。之後，他沉思下來。我趁此刹那趕緊給他倒了一杯滿滿的橘子水……。

「好呀，謝謝。」他忽然開朗地笑起來，同時伸出右手拍拍我的肩膀。

接著，他先回答我的後半截問題，只聽他說：

「四十多年前，我在東京和京都，不論聽到或看到的，那些日本老百姓的心聲，跟眼前正好相反。尤其，日本政府當時根本沒有發言餘地，即使有，也是小心翼翼，惟恐得罪盟國指揮部。依我看，日本人最缺乏佛教的『平等智』，狹窄的民族愛，只肯一對一照顧自己人。各方面表現對人命尊嚴有雙重標準。自己用武士刀殺人沒有罪，自己被人殺死，或被盟國軍炸得粉碎，尤其挨了兩顆原子彈，硬喊自己是被害者，對方不該如此慘忍，理直氣壯編出一套歪理，殊不知那才是佛法的邪知邪見。」

一針見血的評語，讓我想起在台灣時，一位大學同窗在日本紅飯田商社上班，經常感嘆和不平：

「稍微重要的會議，都由他們日本人參加，不讓外人加入。他們儘管態度上有禮貌，骨子裡卻極輕視我們。」

因為他氣憤不過，不久就毅然辭職了。

還有一位池田兄，也是中國人娶日本妻子後，歸化了日本籍。他在日本一家商社表現傑出，日本話說得呱呱叫，簡直比日本人還好，眼見可以昇到課長時，因爲，有人密報他不是道地日本人，而是台灣來留學，才入籍日本的。這一來，他果然昇不上課長了。之後，他被列入「非我族類」的歧視意識裡，再也無法昇遷了。

洋和尚還很無奈地指出，戰爭裡，勝敗雙方都死了那麼多人，而死者不能復生，慘痛的代價，應該屬於歷史教訓，對後代要有教育意義，否則，那些人等於白死。聽說日本政府至今不大肯將自己的暴行，例如慰安婦、俘擄實驗等坦白編入教科書裡，但這樣會再造惡因。佛經上常說：「菩薩畏因，衆生畏果」。這是日本政府又一次邪見邪知，和顛倒妄想。他們所以這樣做，屬於佛教的我慢，而且是卑慢、過慢和邪慢統統有。說得露骨些，也是大東亞共榮圈的鬼影，陰魂不散，缺乏亞洲人生活共同體的觀念，不重視地球人的因緣。將來這個代價，恐怕就是惡因造成的惡果了。

洋和尚一番話，聽得我有些心驚，暗想中國與日本結鄰，一旦起紛爭，雙方都難免一場浩劫。學佛以後，始知世人可以由識轉智，只要刻意改正邪見邪因，也未嘗不能避免災禍，得到福樂。問題的關鍵，全在有無決心。

話題一轉，談到美國社會時，我立刻埋怨許多白人，儘管西裝筆挺，口裡不說，卻滿肚子分別心、高慢心，幾乎跟日本人一樣懷著優越感，最明顯的，莫過於黑白種族的糾紛。這樣下去，美國社會一百年也不會真正和諧，除非落實佛教的『平等智』。

「對，對，」洋和尚微笑點頭說：「你知道嗎？誰叫美國白人當年把黑人當奴隸，直到今天，黑人幾乎成了社會的累贅，只知多生孩子，讓白人養他們。可見白人自食惡果，真正受到業報了。」

據我所知，我的白人朋友裡，從來無人會口出此言，洞悉黑人埋怨白人族裔的真正根源，來自被他們歧視的分別心。

「美國政府的稅太重，中產階級最辛苦，真正富人嘛！政府奈何不了他們……。」我又埋怨美國賺錢辛苦，區區一千美金收入，實質利益只有八成，還要付房租、水電、保險和各種帳單，所剩不多，日子很不好過。

「你知道嗎？美國真正的富豪，好像一隻左右政府的黑手，他們表面上從事合法的行業，享受最高利潤，再好的電腦和計算機也算不出他們該繳多少稅？」

洋和尚說到這裡，停下來望著我疑惑的眼神。我聽他冷冷地說，語氣似乎有些激動起來。

「在美國，最有賺頭的產業，也使最狠毒的傢伙趨之若鶩，莫過於軍火業了。當然，別的國家也有，但不若美國那樣聲勢浩大，不但是家族性，也是跨國界。表面上，他們到處高呼和平，暗地裡卻致力於殺人遊戲啊。這些人不說政府、法律拿他們沒辦法，只有因果和惡報才能制服他們。你知道嗎？甘迺迪家族當初是著名軍火商，之後，財大勢大，出過約翰・甘迺迪當總統，財勢如日中天，誰知也難逃因果。甘家子弟後來許多不得好死……。」

洋和尚談起甘迺迪家族的來龍去脈，總是不屑於老甘迺迪在南北戰爭所幹的軍火走私。同時，他還詳述現在美國幾家大軍火商無法無天的內幕。我驚訝他怎會這樣瞭如指掌呢？他最後的結語是，佛教的因果業報是無相與公正的法律。可惜，一般美國人不懂，也沒有機會懂。他天真地預測，倘若美國高級政客懂得佛法，而軍火商也明白因果業報，那麽，以美國眼前的勢力來推動世界和平，人類社會才比較可能接近淨土。於是，他願以佛弟子的身份，考量自已的能力，分析佛教與社會政治的現象，而最可能做到的，是已經跟一家出版商簽了約，準備明年秋季完稿，可以在一年後如期出書。

洋和尚跟我深談到晚上八點，才互道晚安，分別回房。我次日一大早，自己開車向山田君道謝後，匆匆返回洛杉磯。

事後回憶，我得到一個結論是，洋和尚的出家推翻了某位朋友的無知——佛法不適合文化體系與價值觀根本不同的國度。然而，這位洋和尚卻肯發心將因果業報的真理，呈現給美國社會，功德無量。

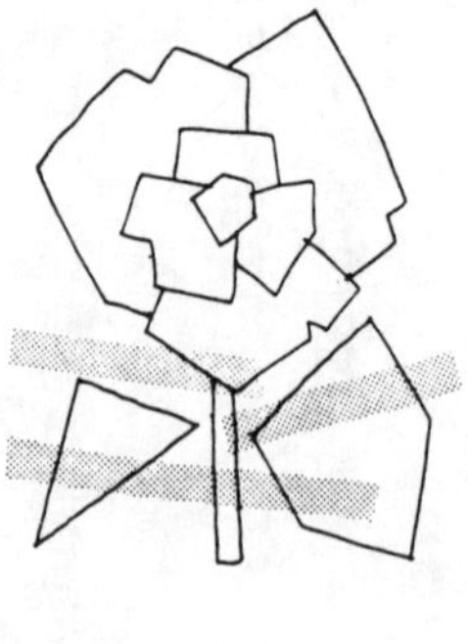

•法律專欄連載•電腦編號58

台大法學院 法律學系／策劃
法律服務社／編著

①別讓您的權利睡著了[1] 180元
②別讓您的權利睡著了[2] 180元

•婦幼天地•電腦編號16

①八萬人減肥成果	黃靜香譯	150元
②三分鐘減肥體操	楊鴻儒譯	130元
③窈窕淑女美髮秘訣	柯素娥譯	130元
④使妳更迷人	成　玉譯	130元
⑤女性的更年期	官舒妍編譯	130元
⑥胎內育兒法	李玉瓊編譯	120元
⑦愛與學習	蕭京凌編譯	120元
⑧初次懷孕與生產	婦幼天地編譯組	180元
⑨初次育兒12個月	婦幼天地編譯組	180元
⑩斷乳食與幼兒食	婦幼天地編譯組	180元
⑪培養幼兒能力與性向	婦幼天地編譯組	180元
⑫培養幼兒創造力的玩具與遊戲	婦幼天地編譯組	180元
⑬幼兒的症狀與疾病	婦幼天地編譯組	180元
⑭腿部苗條健美法	婦幼天地編譯組	150元
⑮女性腰痛別忽視	婦幼天地編譯組	130元
⑯舒展身心體操術	李玉瓊編譯	130元
⑰三分鐘臉部體操	趙薇妮著	120元
⑱生動的笑容表情術	趙薇妮著	120元
⑲心曠神怡減肥法	川津祐介著	130元
⑳內衣使妳更美麗	陳玄茹譯	130元

•青春天地•電腦編號17

①A血型與星座	柯素娥編譯	120元

②B血型與星座	柯素娥編譯	120元
③O血型與星座	柯素娥編譯	120元
④AB血型與星座	柯素娥編譯	120元
⑤青春期性教室	呂貴嵐編譯	130元
⑥事半功倍讀書法	王毅希編譯	130元
⑦難解數學破題	宋釗宜編譯	130元
⑧速算解題技巧	宋釗宜編譯	130元
⑨小論文寫作秘訣	林顯茂編譯	120元
⑩視力恢復！超速讀術	江錦雲譯	130元
⑪中學生野外遊戲	熊谷康編著	120元
⑫恐怖極短篇	柯素娥編譯	130元
⑬恐怖夜話	小毛驢編譯	130元
⑭恐怖幽默短篇	小毛驢編譯	120元
⑮黑色幽默短篇	小毛驢編譯	120元
⑯靈異怪談	小毛驢編譯	130元
⑰錯覺遊戲	小毛驢編譯	130元
⑱整人遊戲	小毛驢編譯	120元
⑲有趣的超常識	柯素娥編譯	130元
⑳哦！原來如此	林慶旺編譯	130元
㉑趣味競賽100種	劉名揚編譯	120元
㉒數學謎題入門	宋釗宜編譯	150元
㉓數學謎題解析	宋釗宜編譯	150元
㉔透視男女心理	林慶旺編譯	120元
㉕少女情懷的自白	李桂蘭編譯	120元
㉖由兄弟姊妹看命運	李玉瓊編譯	130元
㉗趣味的科學魔術	林慶旺編譯	150元
㉘趣味的心理實驗室	李燕玲編譯	150元
㉙愛與性心理測驗	小毛驢編譯	130元
㉚刑案推理解謎	小毛驢編譯	130元
㉛偵探常識推理	小毛驢編繹	130元

•健康天地•電腦編號18

①壓力的預防與治療	柯素娥編譯	130元
②超科學氣的魔力	柯素娥編譯	130元
③尿療法治病的神奇	中尾良一著	130元
④鐵證如山的尿療法奇蹟	廖玉山譯	120元
⑤一日斷食健康法	葉慈容編譯	120元
⑥胃部強健法	陳炳崑譯	120元
⑦癌症早期檢查法	廖松濤譯	130元

⑧老人痴呆症防止法	柯素娥編譯	130元
⑨松葉汁健康飲料	陳麗芬編譯	130元

•超現實心理講座•電腦編號22

①超意識覺醒法	詹蔚芬編譯	130元
②護摩秘法與人生	劉名揚編譯	130元
③秘法！超級仙術入門	陸　明譯	150元

•心 靈 雅 集•電腦編號00

①禪言佛語看人生	松濤弘道著	150元
②禪密教的奧秘	葉逯謙譯	120元
③觀音大法力	田口日勝著	120元
④觀音法力的大功德	田口日勝著	120元
⑤達摩禪106智慧	劉華亭編譯	150元
⑥有趣的佛教研究	葉逯謙編譯	120元
⑦夢的開運法	蕭京凌譯	130元
⑧禪學智慧	柯素娥編譯	130元
⑨女性佛教入門	許俐萍譯	110元
⑩佛像小百科	心靈雅集編譯組	130元
⑪佛教小百科趣談	心靈雅集編譯組	120元
⑫佛教小百科漫談	心靈雅集編譯組	150元
⑬佛教知識小百科	心靈雅集編譯組	150元
⑭佛學名言智慧	松濤弘道著	180元
⑮釋迦名言智慧	松濤弘道著	180元
⑯活人禪	平田精耕著	120元
⑰坐禪入門	柯素娥編譯	120元
⑱現代禪悟	柯素娥編譯	130元
⑲道元禪師語錄	心靈雅集編譯組	130元
⑳佛學經典指南	心靈雅集編譯組	130元
㉑何謂「生」　阿含經	心靈雅集編譯組	130元
㉒一切皆空　般若心經	心靈雅集編譯組	130元
㉓超越迷惘　法句經	心靈雅集編譯組	130元
㉔開拓宇宙觀　華嚴經	心靈雅集編譯組	130元
㉕真實之道　法華經	心靈雅集編譯組	130元
㉖自由自在　涅槃經	心靈雅集編譯組	130元
㉗沈默的教示　維摩經	心靈雅集編譯組	130元
㉘開通心眼　佛語佛戒	心靈雅集編譯組	130元
㉙揭秘寶庫　密教經典	心靈雅集編譯組	130元
㉚坐禪與養生	廖松濤譯	110元

㉛釋尊十戒	柯素娥編譯	120元
㉜佛法與神通	劉欣如編著	120元
㉝悟（正法眼藏的世界）	柯素娥編譯	120元
㉞只管打坐	劉欣如編譯	120元
㉟喬答摩・佛陀傳	劉欣如編著	120元
㊱唐玄奘留學記	劉欣如編譯	120元
㊲佛教的人生觀	劉欣如編譯	110元
㊳無門關（上卷）	心靈雅集編譯組	150元
㊴無門關（下卷）	心靈雅集編譯組	150元
㊵業的思想	劉欣如編著	130元
㊶		

・經 營 管 理・電腦編號01

◎創新經營管理六十六大計（精）	蔡弘文編	780元
①如何獲取生意情報	蘇燕謀譯	110元
②經濟常識問答	蘇燕謀譯	130元
③股票致富68秘訣	簡文祥譯	100元
④台灣商戰風雲錄	陳中雄著	120元
⑤推銷大王秘錄	原一平著	100元
⑥新創意・賺大錢	王家成譯	90元
⑦工廠管理新手法	琪　輝著	120元
⑧奇蹟推銷術	蘇燕謀譯	100元
⑨經營參謀	柯順隆譯	120元
⑩美國實業24小時	柯順隆譯	80元
⑪撼動人心的推銷法	原一平著	120元
⑫高竿經營法	蔡弘文編	120元
⑬如何掌握顧客	柯順隆譯	150元
⑭一等一賺錢策略	蔡弘文編	120元
⑮世界經濟戰爭	約翰・渥洛諾夫著	120元
⑯成功經營妙方	鐘文訓著	120元
⑰一流的管理	蔡弘文編	150元
⑱外國人看中韓經濟	劉華亭譯	150元
⑲企業不良幹部群相	琪輝編著	120元
⑳突破商場人際學	林振輝編著	90元
㉑無中生有術	琪輝編著	140元
㉒如何使女人打開錢包	林振輝編著	100元
㉓操縱上司術	邑井操著	90元
㉔小公司經營策略	王嘉誠著	100元
㉕成功的會議技巧	鐘文訓編譯	100元
㉖新時代老闆學	黃柏松編著	100元

㉗如何創造商場智囊團	林振輝編譯	150元
㉘十分鐘推銷術	林振輝編譯	120元
㉙五分鐘育才	黃柏松編譯	100元
㉚成功商場戰術	陸明編譯	100元
㉛商場談話技巧	劉華亭編譯	120元
㉜企業帝王學	鐘文訓譯	90元
㉝自我經濟學	廖松濤編譯	100元
㉞一流的經營	陶田生編著	120元
㉟女性職員管理術	王昭國編譯	120元
㊱ＩＢＭ的人事管理	鐘文訓編譯	150元
㊲現代電腦常識	王昭國編譯	150元
㊳電腦管理的危機	鐘文訓編譯	120元
㊴如何發揮廣告效果	王昭國編譯	150元
㊵最新管理技巧	王昭國編譯	150元
㊶一流推銷術	廖松濤編譯	120元
㊷包裝與促銷技巧	王昭國編譯	130元
㊸企業王國指揮塔	松下幸之助著	120元
㊹企業精銳兵團	松下幸之助著	120元
㊺企業人事管理	松下幸之助著	100元
㊻華僑經商致富術	廖松濤編譯	130元
㊼豐田式銷售技巧	廖松濤編譯	120元
㊽如何掌握銷售技巧	王昭國編著	130元
㊾一分鐘推銷員	廖松濤譯	90元
㊿洞燭機先的經營	鐘文訓編譯	150元
51ＩＢＭ成功商法	巴克・羅傑斯著	130元
52新世紀的服務業	鐘文訓編譯	100元
53成功的領導者	廖松濤編譯	120元
54女推銷員成功術	李玉瓊編譯	130元
55ＩＢＭ人才培育術	鐘文訓編譯	100元
56企業人自我突破法	黃琪輝編著	150元
57超級經理人	羅拔・海勒著	100元
58財富開發術	蔡弘文編著	130元
59成功的店舖設計	鐘文訓編著	150元
60靈巧者成功術	鐘文訓編譯	150元
61企管回春法	蔡弘文編著	130元
62小企業經營指南	鐘文訓編譯	100元
63商場致勝名言	鐘文訓編譯	150元
64迎接商業新時代	廖松濤編譯	100元
65透視日本企業管理	廖松濤　譯	100元
66新手股票投資入門	何朝乾　編	150元
67上揚股與下跌股	何朝乾編譯	150元

⑱股票速成學	何朝乾編譯	180元
⑲理財與股票投資策略	黃俊豪編著	180元
⑳黃金投資策略	黃俊豪編著	180元
㉑厚黑管理學	廖松濤編譯	180元
㉒股市致勝格言	呂梅莎編譯	180元
㉓透視西武集團	林谷燁編譯	150元
㉔推銷改變我的一生	柯素娥　譯	120元
㉕推銷始於被拒　　暻	盧媚琨　譯	120元
㉖巡迴行銷術	陳蒼杰譯	150元
㉗推銷的魔術	王嘉誠譯	120元
㉘60秒指導部屬	周蓮芬編譯	150元
㉙精銳女推銷員特訓	李玉瓊編譯	130元
㉚企劃、提案、報告圖表的技巧	鄭　汶　譯	180元
㉛海外不動產投資	許達守編譯	150元
㉜八百件的世界策略	李玉瓊譯	150元
㉝服務業品質管理	吳宜芬譯	180元
㉞零庫存銷售	黃東謙編譯	150元
㉟三分鐘推銷管理	劉名揚編譯	150元
㊱推銷大王奮鬥史	原一平著	150元
㊲豐田汽車的生產管理	林谷燁編譯	元

・成功寶庫・電腦編號02

①上班族交際術	江森滋著	100元
②拍馬屁訣竅	廖玉山編譯	110元
③一分鐘適應法	林曉陽譯	90元
④聽話的藝術	歐陽輝編譯	110元
⑤人心透視術	多湖輝著	100元
⑥克服逆境的智慧	廖松濤　譯	100元
⑦不可思議的人性心理	多湖輝　著	120元
⑧成功的人生哲學	劉明和　譯	120元
⑨求職轉業成功術	陳　義編著	110元
⑩上班族禮儀	廖玉山編著	120元
⑪接近心理學	李玉瓊編著	100元
⑫創造自信的新人生	廖松濤編著	120元
⑬卡耐基的人生指南	林曉鐘編譯	120元
⑭上班族如何出人頭地	廖松濤編著	100元
⑮神奇瞬間瞑想法	廖松濤編譯	100元
⑯人生成功之鑰	楊意苓編著	150元
⑰當一個享受成功的人	戴恆雄編著	100元
⑱潛在心理術	多湖輝　著	100元

⑲給企業人的諍言	鐘文訓編著	120元
⑳企業家自律訓練法	陳　義編譯	100元
㉑上班族妖怪學	廖松濤編著	100元
㉒猶太人縱橫世界的奇蹟	孟佑政編著	110元
㉓訪問推銷術	黃靜香編著	130元
㉔改運的秘訣	吳秀美　譯	120元
㉕你是上班族中強者	嚴思圖編著	100元
㉖向失敗挑戰	黃靜香編著	100元
㉗成功心理學	陳蒼杰　譯	100元
㉘墨菲成功定律	吳秀美　譯	130元
㉙機智應對術	李玉瓊編著	130元
㉚成功頓悟100則	蕭京凌編譯	130元
㉛掌握好運100則	蕭京凌編譯	110元
㉜知性幽默	李玉瓊編譯	130元
㉝熟記對方絕招	黃靜香編譯	100元
㉞男性成功秘訣	陳蒼杰編譯	130元
㉟超越巔峯者	C・加菲爾德著	130元
㊱業務員成功秘方	李玉瓊編著	120元
㊲察言觀色的技巧	劉華亭編著	130元
㊳一流領導力	施義彥編譯	120元
㊴一流說服力	李玉瓊編著	130元
㊵30秒鐘推銷術	廖松濤編譯	120元
㊶猶太成功商法	周蓮芬編譯	120元
㊷尖端時代行銷策略	陳蒼杰編著	100元
㊸顧客管理學	廖松濤編著	100元
㊹如何使對方說Yes	程　羲編著	150元
㊺如何提高工作效率	劉華亭編著	150元
㊻企業戰術必勝法	黃靜香編著	130元
㊼上班族口才學	楊鴻儒譯	120元
㊽上班族新鮮人須知	程　羲編著	120元
㊾如何左右逢源	程　羲編著	130元
㊿語言的心理戰	多湖輝著	130元
51扣人心弦演說術	劉名揚編著	120元
52八面玲瓏成功術	陳　羲譯	130元
53如何增進記憶力、集中力	廖松濤譯	130元
54頂尖領導人物	陳蒼杰譯	120元
55性惡企業管理學	陳蒼杰譯	130元
56自我啟發200招	楊鴻儒編著	150元
57做個傑出女職員	劉名揚編著	130元
58靈活的集團營運術	楊鴻儒編著	120元
59必勝交涉強化法	陳蒼杰譯	120元

⑥⓪個案研究活用法	楊鴻儒編著	130元
⑥①企業教育訓練遊戲	楊鴻儒編著	120元
⑥②管理者的智慧	程　義編譯	130元
⑥③做個佼佼管理者	馬筱莉編譯	130元
⑥④智慧型說話技巧	沈永嘉編譯	130元
⑥⑤歌德人生箴言	沈永嘉編譯	150元
⑥⑥活用佛學於經營	松濤弘道著	150元
⑥⑦活用禪學於企業	柯素娥編譯	130元
⑥⑧詭辯的智慧	沈永嘉編譯	130元
⑥⑨幽默詭辯術	廖玉山編譯	130元
⑦⓪拿破崙智慧箴言	柯素娥編譯	130元
⑦①自我培育・超越	蕭京凌編譯	150元
⑦②深層心理術	多湖輝著	130元
⑦③深層語言術	多湖輝著	130元
⑦④時間即一切	沈永嘉編譯	130元
⑦⑤自我脫胎換骨	柯素娥譯	150元
⑦⑥贏在起跑點—人才培育鐵則	楊鴻儒編譯	150元
⑦⑦做一枚活棋	李玉瓊編譯	130元
⑦⑧面試成功戰略	柯素娥編譯	130元
⑦⑨自我介紹與社交禮儀	柯素娥編譯	130元
⑧⓪說NO的技巧	廖玉山編譯	130元
⑧①瞬間攻破心防法	廖玉山編譯	120元
⑧②改變一生的名言	李玉瓊編譯	130元
⑧③性格性向創前程	楊鴻儒編譯	130元
⑧④訪問行銷新竅門	廖玉山編譯	150元
⑧⑤無所不達的推銷話術	李玉瓊編譯	150元

・處世智慧・ 電腦編號03

①如何改變你自己	陸明編譯	90元
②人性心理陷阱	多湖輝著	90元
③面對面的心理戰術	多湖輝著	90元
④幽默說話術	林振輝編譯	120元
⑤讀書36計	黃柏松編譯	110元
⑥靈感成功術	譚繼山編譯	80元
⑦如何使人對你好感	張文志譯	110元
⑧扭轉一生的五分鐘	黃柏松編譯	100元
⑨知人、知面、知其心	林振輝譯	110元
⑩現代人的詭計	林振輝譯	100元
⑪怎樣突破人性弱點	摩　根著	90元
⑫如何利用你的時間	蘇遠謀譯	80元

⑬口才必勝術	黃柏松編譯	120元
⑭女性的智慧	譚繼山編譯	90元
⑮如何突破孤獨	張文志編譯	80元
⑯人生的體驗	陸明編譯	80元
⑰微笑社交術	張芳明譯	90元
⑱幽默吹牛術	金子登著	90元
⑲攻心說服術	多湖輝著	100元
⑳當機立斷	陸明編譯	70元
㉑勝利者的戰略	宋恩臨編譯	80元
㉒如何交朋友	安紀芳編著	70元
㉓鬥智奇謀（諸葛孔明兵法）	陳炳崑著	70元
㉔慧心良言	亦　奇著	80元
㉕名家慧語	蔡逸鴻主編	90元
㉖金色的人生	皮爾著	80元
㉗稱霸者啟示金言	黃柏松編譯	90元
㉘如何發揮你的潛能	陸明編譯	90元
㉙女人身態語言學	李常傳譯	100元
㉚摸透女人心	張文志譯	90元
㉛現代戀愛秘訣	王家成譯	70元
㉜給女人的悄悄話	妮倩編譯	90元
㉝行為語言的奧秘	歆夫編譯	110元
㉞如何開拓快樂人生	陸明編譯	90元
㉟驚人時間活用法	鐘文訓譯	80元
㊱成功的捷徑	鐘文訓譯	70元
㊲幽默逗笑術	林振輝著	120元
㊳活用血型讀書法	陳炳崑譯	80元
㊴心　燈	葉于模著	100元
㊵當心受騙	林顯茂譯	90元
㊶心・體・命運	蘇燕謀譯	70元
㊷如何使頭腦更敏銳	陸明編譯	70元
㊸宮本武藏五輪書金言錄	宮本武藏著	100元
㊹厚黑說服術	多湖輝著	90元
㊺勇者的智慧	黃柏松編譯	80元
㊻善意的心理騙術	多湖輝著	75元
㊼成熟的愛	林振輝譯	120元
㊽現代女性駕馭術	蔡德華著	90元
㊾禁忌遊戲	酒井潔著	90元
㊿自我表現術	多湖輝著	100元
(51)女性的魅力・年齡	廖玉山譯	90元
(52)摸透男人心	劉華亭編譯	80元
(53)如何達成願望	謝世輝著	90元

⑭創造奇蹟的「想念法」	謝世輝著	90元
⑮創造成功奇蹟	謝世輝著	90元
⑯男女幽默趣典	劉華亭譯	90元
⑰幻想與成功	廖松濤譯	80元
⑱反派角色的啟示	廖松濤編譯	70元
⑲現代女性須知	劉華亭編著	75元
⑳一分鐘記憶術	廖玉山譯	90元
㉑機智說話術	劉華亭編譯	100元
㉒如何突破內向	姜倩怡編譯	110元
㉓扭轉自我的信念	黃　翔編譯	100元
㉔讀心術入門	王家成編譯	100元
㉕如何解除內心壓力	林美羽編著	110元
㉖取信於人的技巧	多湖輝著	110元
㉗如何培養堅強的自我	林美羽編著	90元
㉘自我能力的開拓	卓一凡編著	110元
㉙求職的藝術	吳秀美編譯	100元
㉚縱橫交涉術	嚴思圖編著	90元
㉛如何培養妳的魅力	劉文珊編著	90元
㉜魅力的力量	姜倩怡編著	90元
㉝金錢心理學	多湖輝著	100元
㉞語言的圈套	多湖輝著	110元
㉟個性膽怯者的成功術	廖松濤編譯	100元
㊱人性的光輝	文可式編著	90元
㊲如何建立自信心	諾曼・比爾著	90元
㊳驚人的速讀術	鐘文訓編譯	90元
㊴培養靈敏頭腦秘訣	廖玉山編著	90元
㊵夜晚心理術	鄭秀美編譯	80元
㊶如何做個成熟的女性	李玉瓊編著	80元
㊷現代女性成功術	劉文珊編著	90元
㊸成功說話技巧	梁惠珠編譯	100元
㊹人生的真諦	鐘文訓編譯	100元
㊺妳是人見人愛的女孩	廖松濤編著	120元
㊻精神緊張速解法	F・查爾斯著	90元
㊼指尖・頭腦體操	蕭京凌編譯	90元
㊽電話應對禮儀	蕭京凌編著	90元
㊾自我表現的威力	廖松濤編譯	100元
㊿名人名語啟示錄	喬家楓編著	100元
91男與女的哲思	程鐘梅編譯	110元
92靈思慧語	牧　風著	110元
93心靈夜語	牧　風著	100元
94激盪腦力訓練	廖松濤編譯	100元

⑮三分鐘頭腦活性法	廖玉山編譯	110元
⑯星期一的智慧	廖玉山編譯	100元
⑰溝通說服術	賴文琇編譯	100元
⑱超速讀超記憶法	廖松濤編譯	120元

・健康與美容・電腦編號04

①B型肝炎預防與治療	曾慧琪譯	130元
②胃部強健法	陳炳崑譯	90元
③媚酒傳（中國王朝秘酒）	陸明主編	120元
④藥酒與健康果菜汁	成玉主編	150元
⑤中國回春健康術	蔡一藩著	100元
⑥奇蹟的斷食療法	蘇燕謀譯	110元
⑦中國內功健康法	張惠珠著	100元
⑧健美食物法	陳炳崑譯	120元
⑨驚異的漢方療法	唐龍編著	90元
⑩不老強精食	唐龍編著	100元
⑪經脈美容法	月乃桂子著	90元
⑫五分鐘跳繩健身法	蘇明達譯	100元
⑬睡眠健康法	王家成譯	80元
⑭你就是名醫	張芳明譯	90元
⑮如何保護你的眼睛	蘇燕謀譯	70元
⑯自我指壓術	今井義睛著	120元
⑰室內身體鍛鍊法	陳炳崑譯	100元
⑱飲酒健康法	J・亞當姆斯著	100元
⑲釋迦長壽健康法	譚繼山譯	90元
⑳腳部按摩健康法	譚繼山譯	120元
㉑自律健康法	蘇明達譯	90元
㉒最新瑜伽自習	蘇燕謀譯	180元
㉓身心保健座右銘	張仁福著	160元
㉔腦中風家庭看護與運動治療	林振輝譯	100元
㉕秘傳醫學人相術	成玉主編	120元
㉖導引術入門(1)治療慢性病	成玉主編	110元
㉗導引術入門(2)健康・美容	成玉主編	110元
㉘導引術入門(3)身心健康法	成玉主編	110元
㉙妙用靈藥・蘆薈	李常傳譯	90元
㉚萬病回春百科	吳通華著	150元
㉛初次懷孕的10個月	成玉編譯	100元
㉜中國秘傳氣功治百病	陳炳崑編譯	130元
㉝蘆薈治萬病	李常傳譯	<售缺>
㉞仙人成仙術	陸明編譯	100元

㉟仙人長生不老學	陸明編譯	100元
㊱釋迦秘傳米粒刺激法	鐘文訓譯	120元
㊲痔・治療與預防	陸明編譯	130元
㊳自我防身絕技	陳炳崑編譯	120元
㊴運動不足時疲勞消除法	廖松濤譯	110元
㊵三溫暖健康法	鐘文訓編譯	90元
•㊶癌症早期檢查法	廖松濤譯	120元
㊷維他命C新效果	鐘文訓譯	90元
㊸維他命與健康	鐘文訓譯	120元
•㊹秘法!超級仙術入門	陸明編譯	100元
㊺森林浴—綠的健康法	劉華亭編譯	80元
㊻四季色彩美容學	吳秀美譯	120元
㊼導引術入門⑷酒浴健康法	成玉主編	90元
㊽導引術入門⑸不老回春法	成玉主編	90元
㊾山白竹(劍竹)健康法	鐘文訓譯	90元
㊿解救你的心臟	鐘文訓編譯	100元
51牙齒保健法	廖玉山譯	90元
52超人氣功法	陸明編譯	110元
53超能力秘密開發法	廖松濤譯	80元
54借力的奇蹟⑴	力拔山著	100元
55借力的奇蹟⑵	力拔山著	100元
56五分鐘小睡健康法	呂添發撰	100元
57禿髮、白髮預防與治療	陳炳崑撰	100元
58吃出健康藥膳	劉大器著	100元
59艾草健康法	張汝明編譯	90元
60一分鐘健康診斷	蕭京凌編譯	90元
61念術入門	黃静香編譯	90元
62念術健康法	黃静香編譯	90元
63健身回春法	梁惠珠編譯	100元
64姿勢養生法	黃秀娟編譯	90元
65仙人瞑想法	鐘文訓譯	120元
66人蔘的神效	林慶旺譯	100元
67奇穴治百病	吳通華著	120元
68中國傳統健康法	靳海東著	100元
69下半身減肥法	納他夏・史達賓著	110元
70使妳的肌膚更亮麗	楊　皓編譯	100元
71酵素健康法	楊　皓編譯	120元
72做一個快樂的病人	吳秀美譯	100元
73腰痛預防與治療	五味雅吉著	100元
74如何預防心臟病・腦中風	譚定長等著	100元
75少女的生理秘密	蕭京凌譯	120元

⑯頭部按摩與針灸	楊鴻儒譯	100元
⑰雙極療術入門	林聖道著	100元
⑱氣功自療法	梁景蓮著	100元
⑲大蒜健康法	李玉瓊編譯	100元
⑳紅蘿蔔汁斷食療法	李玉瓊譯	100元
㉑健胸美容秘訣	黃靜香譯	100元
㉒鍺奇蹟療效	林宏儒譯	120元
㉓三分鐘健身運動	廖玉山譯	120元
㉔尿療法的奇蹟	廖玉山譯	120元
㉕神奇的聚積療法	廖玉山譯	120元
㉖預防運動傷害伸展體操	楊鴻儒編譯	120元
㉗糖尿病預防與治療	石莉涓譯	150元
㉘五日就能改變你	柯素娥譯	110元
㉙三分鐘氣功健康法	陳美華譯	120元
㉚痛風劇痛消除法	余昇凌譯	120元
㉛道家氣功術	早島正雄著	130元
㉜氣功減肥術	早島正雄著	120元
㉝超能力氣功法	柯素娥譯	130元
㉞氣的瞑想法	早島正雄著	120元

•家庭／生活• 電腦編號05

①單身女郎生活經驗談	廖玉山編著	100元
②血型・人際關係	黃靜編著	120元
③血型・妻子	黃靜編著	110元
④血型・丈夫	廖玉山編譯	130元
⑤血型・升學考試	沈永嘉編譯	120元
⑥血型・臉型・愛情	鐘文訓編譯	120元
⑦現代社交須知	廖松濤編譯	100元
⑧簡易家庭按摩	鐘文訓編譯	150元
⑨圖解家庭看護	廖玉山編譯	120元
⑩生男育女隨心所欲	岡正基編著	120元
⑪家庭急救治療法	鐘文訓編著	100元
⑫新孕婦體操	林曉鐘譯	120元
⑬從食物改變個性	廖玉山編譯	100元
⑭職業婦女的衣著	吳秀美編譯	120元
⑮成功的穿著	吳秀美編譯	120元
⑯現代人的婚姻危機	黃　靜編著	90元
⑰親子遊戲　0歲	林慶旺編譯	100元
⑱親子遊戲　1～2歲	林慶旺編譯	110元
⑲親子遊戲　3歲	林慶旺編譯	100元

⑳女性醫學新知	林曉鐘編譯	130元
㉑媽媽與嬰兒	張汝明編譯	150元
㉒生活智慧百科	黃　靜編譯	100元
㉓手相・健康・你	林曉鐘編譯	120元
㉔菜食與健康	張汝明編譯	110元
㉕家庭素食料理	陳東達著	100元
㉖性能力活用秘法	米開・尼里著	130元
㉗兩性之間	林慶旺編譯	120元
㉘性感經穴健康法	蕭京凌編譯	110元
㉙幼兒推拿健康法	蕭京凌編譯	100元
㉚談中國料理	丁秀山編著	100元
㉛舌技入門	增田豐　著	130元
㉜預防癌症的飲食法	黃静香編譯	120元
㉝性與健康寶典	黃静香編譯	180元
㉞正確避孕法	蕭京凌編譯	130元
㉟吃的更漂亮美容食譜	楊萬里著	120元
㊱圖解交際舞速成	鐘文訓編譯	150元
㊲觀相導引術	沈永嘉譯	130元
㊳初為人母12個月	陳義譯	130元
㊴圖解麻將入門	顧安行編譯	130元
㊵麻將必勝秘訣	石利夫編譯	130元
㊶女性一生與漢方	蕭京凌編譯	100元
㊷家電的使用與修護	鐘文訓編譯	130元
㊸錯誤的家庭醫療法	鐘文訓編譯	100元
㊹簡易防身術	陳慧珍編譯	130元
㊺茶健康法	鐘文訓編譯	130元
㊻如何與子女談性	黃静香譯	100元
㊼生活的藝術	沈永嘉編著	120元
㊽雜草雜果健康法	沈永嘉編著	120元
㊾如何選擇理想妻子	荒谷慈著	110元
㊿如何選擇理想丈夫	荒谷慈著	110元
51中國食與性的智慧	根本光人著	150元
52開運法話	陳宏男譯	100元
53禪語經典＜上＞	平田精耕著	150元
54禪語經典＜下＞	平田精耕著	150元
55手掌按摩健康法	鐘文訓譯	150元
56脚底按摩健康法	鐘文訓譯	150元
57仙道運氣健身法	高藤聰一郎著	150元
58健心、健體呼吸法	蕭京凌譯	120元
59自彊術入門	蕭京凌譯	120元
60指技入門	增田豐著	130元

⑥①下半身鍛鍊法	增田豐著	150元
⑥②表象式學舞法	黃靜香編譯	180元
⑥③圖解家庭瑜伽	鐘文訓譯	130元
⑥④食物治療寶典	黃靜香編譯	130元
⑥⑤智障兒保育入門	楊鴻儒譯	130元
⑥⑥自閉兒童指導入門	楊鴻儒譯	150元
⑥⑦乳癌發現與治療	黃靜香譯	130元
⑥⑧盆栽培養與欣賞	廖啟新編譯	150元
⑥⑨世界手語入門	蕭京凌編譯	150元
⑦⓪賽馬必勝法	李錦雀編譯	200元
⑦①中藥健康粥	蕭京凌編譯	120元
⑦②健康食品指南	劉文珊編譯	130元
⑦③健康長壽飲食法	鐘文訓編譯	150元
⑦④夜生活規則	增田豐著	120元
⑦⑤自製家庭食品	鐘文訓編譯	180元
⑦⑥仙道帝王招財術	廖玉山譯	130元
⑦⑦「氣」的蓄財術	劉名揚譯	130元
⑦⑧佛教健康法入門	劉名揚譯	130元
⑦⑨男女健康醫學	郭汝蘭譯	150元
⑧⓪成功的果樹培育法	張煌編譯	130元
⑧①實用家庭菜園	孔翔儀編譯	130元
⑧②氣與中國飲食法	柯素娥編譯	130元
⑧③世界生活趣譚	林其英著	160元
⑧④胎教二八〇天	鄭淑美譯	元

•命理與預言•電腦編號06

①星座算命術	張文志譯	120元
②九星術（中國正統占卜術）	水雲居士編著	80元
③圖解命運學	陸明編著	100元
④中國秘傳面相術	陳炳崑編著	110元
⑤輪迴法則（生命轉生的秘密）	五島勉著	80元
⑥命名彙典	水雲居士編著	100元
⑦簡明紫微斗術命運學	唐龍編著	130元
⑧住宅風水吉凶判斷法	琪輝編譯	120元
⑨鬼谷算命秘術	鬼谷子著	120元
⑩中國算命占星學	陸明編譯	120元
⑪命運週期律	五島勉著	55元
⑫簡明四柱推命學	李常傳編譯	150元
⑬性占星術	柯順隆編譯	80元
⑭十二支命相學	王家成譯	80元

⑮啟示錄中的世界末日	蘇燕謀編譯	80元
⑯簡明易占學	黃小娥著	100元
⑰指紋算命學	邱夢蕾譯	90元
⑱樸克牌占卜入門	王家成譯	100元
⑲A血型與十二生肖	鄒雲英編譯	90元
⑳B血型與十二生肖	鄒雲英編譯	90元
㉑O血型與十二生肖	鄒雲英編譯	100元
㉒AB血型與十二生肖	鄒雲英編譯	90元
㉓筆跡占卜學	周子敬著	120元
㉔神秘消失的人類	林達中譯	80元
㉕世界之謎與怪談	陳炳崑譯	80元
㉖符咒術入門	柳玉山人編	100元
㉗神奇的白符咒	柳玉山人編	120元
㉘神奇的紫符咒	柳玉山人編	120元
㉙因果報應法則	李常傳譯	90元
㉚中國式面相學入門	蕭京凌編著	90元
㉛改變命運的手相術	鐘文訓編著	120元
㉜黃帝手相占術	鮑黎明著	130元
㉝惡魔的咒法	杜美芳譯	150元
㉞脚相開運術	王瑞禎譯	130元
㉟面相開運術	許麗玲譯	150元
㊱房屋風水與運勢	邱震睿編譯	130元
㊲商店風水與運勢	邱震睿編譯	130元
㊳諸葛流天文遁甲	巫立華譯	150元
㊴聖帝五龍占術	廖玉山譯	180元
㊵萬能神算	張助馨編著	120元
㊶神祕的前世占卜	劉名揚譯	150元
㊷諸葛流奇門遁甲	巫立華譯	150元
㊸諸葛流四柱推命	巫立華譯	180元

・教養特輯・ 電腦編號07

①管教子女絕招	多湖輝著	70元
②正確性知識（美國中學副課本）	徐道政譯	80元
③中學生的大秘密	林顯茂譯	85元
④小論文寫作秘訣	林顯茂譯	75元
⑤如何教育幼兒	林振輝譯	80元
⑥看圖學英文	陳炳崑編著	90元
⑦關心孩子的眼睛	陸明編	70元
⑧如何生育優秀下一代	邱夢蕾編著	100元
⑨父母如何與子女相處	安紀芳編譯	80元

⑩現代育兒指南	劉華亭編譯	90元
⑪父母離婚你該怎麼辦	吳秀美譯	80元
⑫如何培養自立的下一代	黃静香編譯	80元
⑬使用雙手增強腦力	沈永嘉編譯	70元
⑭教養孩子的母親暗示法	多湖輝著	90元
⑮奇蹟教養法	鐘文訓編譯	90元
⑯慈父嚴母的時代	多湖輝著	90元
⑰如何發現問題兒童的才智	林慶旺譯	100元
⑱再見！夜尿症	黃静香編譯	90元
⑲育兒新智慧	黃静編譯	90元
⑳長子培育術	劉華亭編譯	80元
㉑親子運動遊戲	蕭京凌編譯	90元
㉒一分鐘刺激會話法	鐘文訓編著	90元
㉓啟發孩子讀書的興趣	李玉瓊編著	100元
㉔如何使孩子更聰明	黃静編著	100元
㉕３・４歲育兒寶典	黃静香編譯	100元
㉖一對一教育法	林振輝編譯	100元
㉗母親的七大過失	鐘文訓編譯	100元
㉘幼兒才能開發測驗	蕭京凌編譯	100元
㉙教養孩子的智慧之眼	黃静香編譯	100元
㉚如何創造天才兒童	林振輝編譯	90元
㉛如何使孩子數學滿點	林明嬋編著	100元

・消遣特輯・ 電腦編號08

①小動物飼養秘訣	徐道政譯	120元
②狗的飼養與訓練	張文志譯	100元
③四季釣魚法	釣朋會編	120元
④鴿的飼養與訓練	林振輝譯	120元
⑤金魚飼養法	鐘文訓編譯	130元
⑥熱帶魚飼養法	鐘文訓編譯	180元
⑦有趣的科學（動腦時間）	蘇燕謀譯	70元
⑧妙事多多	金家驊編譯	80元
⑨有趣的性知識	蘇燕謀編譯	100元
⑩圖解攝影技巧	譚繼山編譯	220元
⑪100種小鳥養育法	譚繼山編譯	200元
⑫樸克牌遊戲與贏牌秘訣	林振輝編譯	120元
⑬遊戲與餘興節目	廖松濤編著	100元
⑭樸克牌魔術・算命・遊戲	林振輝編譯	100元
⑮極地探險之謎	林振輝編譯	<售缺>
⑯世界怪動物之謎	王家成譯	90元

國立中央圖書館出版品預行編目資料

佛法難學嗎／劉欣如著 --初版 --臺北市：
大展，民82
190面； 公分 --（心靈雅集；41）
ISBN 957-557-396-X（平裝）

1. 佛法-教化法

225.8 82007024

ISBN 957-557-396-X

佛法難學嗎？

著 者／劉 欣 如
發行人／蔡 森 明
出版者／大展出版社有限公司
社 址／台北市北投區（石牌）
致遠一路二段12巷1號
電 話／（02）8236031・8236033
傳 眞／（02）8272069
郵政劃撥／0166955－1
登記證／局版臺業字第2171號

法律顧問／劉 鈞 男 律師
承印者／國順圖書印刷公司
電 話／（02）9677226
排版者／千賓電腦打字有限公司
電 話／（02）8836052
初 版／1993年（民82年）10月

定 價／140元